Llegando A Ser Uno

Jack Jacobs & Ed Rodgers

LLEGANDO A SER UNO

Un Estudio Bíblico De Grupo Pequeño

Publicidad Unida

Llegando A Ser Uno (El Estudio Bíblico, Version en Español)
Copyright © 2012 por Jack Jacobs y Ed Rodgers
Publicada por Publicidad Unida
292 S. Mountain Road, New City, New York

ISBN: 978-0-9845833-9-3

Impreso en el Estados Unidos de America

Todas las partes mencionadas acerca de las Escrituras citadas en este escrito, son de la versión Reina Valera v60, de otra forma será mencionado, escritura *itálica,* enfatizada, o (en paréntesis), han sido añadidos para enfatizar alguna aclaración.

Traducido por Rabino Rolando Corte Terán
Diseño de portada por Loren Rodgers
Cubiertas editadas por Scott Kerr

Ver página 131 para información de contacto con el autor.

Tabla de Contenidos

Prefacio

La Biblia habla explícitamente y repetidamente acerca de la unicidad. En Génesis Capítulo 11, Dios explica que cuando un grupo de personas funciona como uno, "nada de lo que ellos se propongan a hacer será imposible." Juan Capítulo 17, la oración del sumo sacerdocio de parte de Nuestro Señor, revela que la unicidad dentro del Cuerpo del Mesías que específicamente abraza el Judío creyente es tan poderosa que provocará la mayor cosecha de los tiempos. Nuestro Señor afirma que una unicidad en el orden de la unicidad que existe entre dios el Padre y Jesús (Yeshua) el Hijo impulsarán al mundo incrédulo a creer que Él es el Mesías. Parece bastante evidente que el cuerpo del Mesías no ha sido plenamente tomada la esencia de esta poderosa verdad. Con muy pocas excepciones, la oración de nuestro Señor está siendo todavía contestada en una forma que impactará profundamente el Reino de Dios.

Yo creo que una de las razones fundamentales como el por qué el cuerpo del Mesías no ha respondido a esta ineludible verdad es debido a que nosotros simplemente no sabemos cómo vivir esto en una manera práctica. ¿Cómo vives tu vida de fe con los hermanos y hermanas que no son como tú? ¿Cómo vives tu vida de fe con los hermanos y hermanas que son así como tú?¿Cómo vienes a ser parte de la respuesta a la oración de nuestro Señor en Juan 17? ¿Cómo vives en relación como un Gentil Creyente con un Judío Creyente que refleja la "unanimidad" que provoca que los Judíos incrédulos y Gentiles abran sus ojos y reconozcan a Jesús (Yeshua) como Mesías? Este increíblemente profundo y práctico

Estudio Bíblico que ha sido escrito por Jack Jacobs y Ed Rodgers responde a cada una de esas preguntas con irrefutable claridad. Este estudio Bíblico es ideal para el Pastor, el Anciano, el Diácono, el Maestro de escuela dominical, y para todo aquel creyente que quiere ser parte de la respuesta a la Oración del Señor. Este estudio Bíblico hace un llamado por un camino claro que lleve a un avivamiento y despertar que sacudirá los cimientos del Cuerpo del Mesías en una gloriosa forma positiva. Yo aprecio las claras verdades Bíblicas que establecen el fundamento para este Estudio Bíblico. Jack y Ed han operado verdaderamente bajo la unción del Espíritu Santo al proveer esta herramienta tan necesaria. Ésta ayudará tanto a Judíos como a Gentiles en el Mesías a vivir la unicidad que traerá la mayor cosecha de todos los tiempos. Esta cosecha afectará la salvación de toda Israel. Si tú crees que yo he exagerado, usa Llegando a Ser Uno en tu vida, tu congregación, tu Iglesia, y tu ministerio y observa lo que sucede.

Dr. Raleigh B. Washington
Presidente/C.E.O. THE ROAD TO JERUSALEM

Introducción
Escuchando el corazón de Dios

"¡Maravillosa Gracia! ¡Cuán dulce suena, que salvó a un náufrago como yo! Perdido estaba yo, y rescatado fui; fui ciego y puedo ver." Todo hijo de Dios, salvo y nacido de nuevo por el sacrificio expiatorio del Hijo de Dios, Jesús (Yeshua) (Jesús) se conecta profundamente con las palabras de este hermoso himno escrito por John Newton. ¿Llegaremos a conocer desde este lado del cielo, cuánto se nos ha dado por Dios? No, no lo creemos, no completamente.

Desde la gratitud por lo que Dios ha hecho por nosotros, en un tiempo u otro, nosotros seguramente hemos buscado a Dios con estas preguntas: "Señor, ¿Qué puedo hacer por ti?" "Señor, ¿Qué podría traerte mucho gozo?" "Señor, ¿Qué es lo que realmente bendice tu corazón?" Sí, seguramente nosotros tenemos un deseo de agradarle haciendo aquello que es de gran importancia para Él. Nuestros preciosos hermanos y hermanas, hemos escrito "Llegando a ser Uno" para encender nuestros corazones hacia aquello que sabemos que bendecirá el corazón de Jesús (Yeshua). Mientras avanzan a través de este estudio, nosotros les pedimos que conserven la meta fresca en sus mentes y corazones.

Jesús (Yeshua) ora una muy significativa oración en Juan capítulo 17, antes de dejar este mundo. Él declara que Él nos ha dado Su Gloria para un propósito de expiación – que nosotros, Sus hijos, podamos ser uno. Dios envió a su Hijo unigénito, Jesús

(Yeshua), para llegar a ser uno con nosotros, y Su oración que levantó por nosotros para que hagamos de la misma manera unos con otros. Si realmente deseamos ver y experimentar la gloria de Dios, entonces debemos todos tener en nuestros corazones un intrínseco amor por Dios y por nuestro prójimo. Posiblemente, este está adormecido en algunos de nosotros y necesita ser re-encendido. Posiblemente nuestros entendimientos han bloqueado la clara revelación de Dios en este tema. Nosotros creemos y confiamos en el poder de la Palabra de Dios y Su Espíritu Santo para que sea una "lámpara a mis pies y una luz intensa en mi camino" (Salmo 119:105) mientras nos embarcamos en nuestro viaje de "Llegando a ser uno".

> La gloria que me diste, yo les he dado, para que sean uno, así como nosotros somos uno. Yo en ellos, y tú en mí, para que sean perfectos en unidad, para que el mundo conozca que tú me enviaste, y que los has amado a ellos como también a mí me has amado. (Juan 17:22-23)

> … para crear en sí mismo de los dos un solo y nuevo hombre, haciendo la paz, y mediante la cruz reconciliar con Dios a ambos en un solo cuerpo, matando en ella las enemistades. (Efesios 2:15-16)

Alrededor del año 1700, el famoso comentador Bíblico, Matthew Henry, expresó su perspectiva de que mientras la oración de Jesús (Yeshua) por la unidad en Juan 17 es para todos los creyentes, es "la unión de Judíos y Gentiles" a la cual "Esta oración del Mesías principalmente se refiere." En la construcción de su caso, Mr. Henry señala al Apóstol Pablo, quien, siendo guiado por el Espíritu de Dios, anticipó la venida de Judíos y Gentiles creyentes juntos como "el nuevo hombre" por medio del cual Jesús (Yeshua), "nuestra paz" (Efesios 2). Si Mathew Henry estaba en lo correcto, el más grande avivamiento en la historia del mundo está todavía esperando para ocurrir, pero existe un pre-requisito: Judíos y Gentiles creyentes deberán primero llegar a ser uno a los ojos del mundo- para que el mundo crea.

En este estudio buscamos el entender más claramente el corazón de Dios en relación a la unicidad - ¿Qué es todo esto realmente cómo puede completarse? Seguramente este es el deseo de todo verdadero creyente que agrada al Señor y que hace lo que bendice Su corazón. El propósito de este estudio es el de ayudar a pavimentar el camino para el "venir juntos" de los Judíos y Gentiles creyentes en Jesús (Yeshua) hacia "Un Nuevo Hombre" de Efesios 2:15. Nosotros sabemos que nada bendecirá más Su corazón.

Comenzamos con el maravilloso amor de Dios para toda la humanidad y el deseo de Su corazón que aquellos que son Suyos – Judíos y Gentiles – para que vivan apasionadamente para cumplir Su voluntad. Entonces, examinaremos lo que hemos aprendido de los errores pasados y miramos a algunos de los obstáculos presentes para llegar a ser uno. Finalmente, presentaremos unos pasos prácticos para alcanzar la meta. Observaremos varios ejemplos de comunidades espirituales donde las Iglesias y las congregaciones Mesiánicas están practicando exitosamente la unidad al seguir los mandatos de las escrituras. Desde esos ejemplos, ustedes pueden formular un plan para su Iglesia o congregación Mesiánica para comenzar a moverse paso a paso hacia el deseo de la oración de Jesús (Yeshua) – que ellos puedan ser uno. Tal como cada acto que emana desde un corazón fundamentado en el servicio que resulta ser una bendición, así como la unificación de Judíos y Gentiles creyentes en su comunidad. ¡Su involucramiento podrá aún llevarles al más grande avivamiento en la historia del Mundo!

Nos damos cuenta que "Judío/Gentil" no es lo que típicamente viene a la mente cuando se menciona Unidad. Para la mayoría de los creyentes, esto es un territorio desconocido. Oramos para que Ustedes lleguen a entender cuán importante es esto para Dios y para Su Reino, de tal manera que lleguen a captar la visión del Nuevo Hombre, y que entonces sigan el camino delante de ustedes. Sus corazones y vidas serán moldeados hacia Jesús (Yeshua), ustedes producirán el fruto de obediencia, y el impacto de sus congregaciones será magnificado. Antes de que inicien ustedes este estudio, oren por que el Espíritu Santo les prepare para una jornada emocionante y de apertura de ojos hacia el mismo corazón de Dios.

Por favor nota que los autores de este libro son Gentil (Ed) y Judío (Jack). Nosotros creemos que el Señor nos ha reunido para vivir la unicidad que tratamos de describir. Sin contar las pocas diferencias teológicas acerca de las cuales bromeamos, nosotros hemos experimentado de hecho una increíble unicidad como hermanos en Jesús (Yeshua). Nosotros esperamos que esto otorgue una ulterior credibilidad a este estudio y moldee la unidad que busca este estudio en las vidas de nuestros lectores.

Lección Uno
Israel – La Niña del Ojo de Dios

> Porque así ha dicho El Señor de los ejércitos: Tras la gloria me enviará él a las naciones que os despojaron; porque el que os toca, toca a la niña de su ojo. (Zacarías2:8)

"Conociéndote, conociendo todo acerca de ti. Llegando a quererte, con la esperanza que me quieras." ¿Recordarás ésta frase, y casi infantil letra escrita por Oscar Hammerstein para la obra "El Rey y Yo"? Aquí hay un par más de las conocidas letras de cantos menores: "Compartiendo tu espíritu, compartiendo tus lágrimas y tus risas" y "Contándote mis sueños, llegando a sentir que tú estás conmigo." Esas hermosas letras son tan simples y aun así, ellas expresan la esencia de lo que nosotros debemos abrazar cono Judíos y Gentiles Creyentes en nuestra humanidad por la unicidad que Jesús (Yeshua) oró registrada en Juan Capítulo 17 para que se volviera una realidad.

Ahora sería un buen tiempo para detenernos y orar antes de iniciar esta lección acerca de Israel y el pueblo Judío. Oremos por la apertura de los más profundos rincones en tu corazón. ¿Estás dispuesto a ser transformado y movido por el gran amor de Dios por Judíos y Gentiles? ¿Le darías a Dios tu total atención y permiso para cambiar tu corazón en donde hubiera aún en forma inconsciente o sutil alguna forma equivocada de actitud acerca de gente Judío o Gentil? ¿Estás listo para hacer lo que fuere necesario, aún si es difícil o doloroso, para llegar a ser uno? Sabemos que esto siempre vale la pena, sin importar el costo, para amar y obedecer a nuestro Señor y Salvador, Jesús (Yeshua).

Si eres un Gentil creyente, probablemente tienes algún entendimiento de que Israel es importante para Dios y para tu fe, pero es probable que no estés enteramente seguro de por qué. Mientras hay seguramente muchos creyentes que están cumpliendo por el mandamiento de orar por la paz de Jerusalém (Salmos 122:6), lejanamente pocos entienden la necesidad para orar por el pueblo de Israel. Todos nosotros sabemos que la Biblia se enfoca en Israel y el pueblo judío, pero tendemos a leer la Biblia sólo para aplicación personal. Los pasajes que obviamente se refieren a Israel y al pueblo Judío en algunos momentos son ignorados o aún omitidos. Para algunos creyentes Gentiles, especialmente aquellos que podrían vivir donde hay muy poca gente Judía, Israel parece tan lejano, y el pueblo Judío parece tan diverso, en sus rangos desde secular hasta ultra-ortodoxoJasídico. Esos hermanos y hermanas Gentiles saben que el Cristianismo de alguna manera está ligado a Israel y a la profecía Bíblica, pero es un rompecabezas borroso y las piezas no encajan justamente. El aislar a Israel en esta manera ha hecho casi imposible el entender el aparente caos en el Medio Oriente. Esta lección atenta poner algunas de esas piezas juntas de tal manera que podamos ver mejor la "gran Imagen." Nosotros queremos mostrar que Israel sigue siendo importante para Dios como siempre ha sido. Ella sigue siendo la "niña de Su ojo."

Una Historia Condensada del Pueblo Judío

Mientras damos seguimiento al cuidado de Dios por Su pueblo a través de la historia, encontramos que la historia del pueblo Judío sigue ampliamente las vicisitudes de la nación de Israel. Por siglos, ella ha batallado por su vida…y ha vencido. Ella ha pasado por el abismo de la aniquilación más de una vez, pero de alguna manera ella se las ha arreglado para sobrevivir. Ella está rodeada por sus enemigos, son abrumadoramente numerosos, y aun así ella prevalece. Su pueblo ha sido atacado, deportado, aprisionado en campos de concentración, atacado con gas y explosiones, pero ellos continúan sobreviviendo. En algún punto, cualquier estudioso racional de la historia tendrá que preguntarse si hay algo sucediendo que haya escapado a su información. ¿Habrá sido contada toda la historia, o estamos perdiéndonos algo importante?

> La intención de Dios fue glorificarse al demostrar que Él sólo era, y es, soberano en el universo.

La única respuesta posible nos lleva más allá de nuestro punto de vista humanista y apunta hacia alguna suerte de protección supernatural. Aún aquellos con poco conocimiento Bíblico han escuchado acerca del encuentro que tuvo Moisés con Dios desde la zarza que ardía, pero no se consumía. Ese arbusto incendiado tipifica a Israel. Ella sería difamada y desmoralizada, perseguida y torturada, pero no sería consumida. Mientras Dios le habló a Moisés desde la zarza ardiente, Él ha hablado y continúa hablando al mundo desde las feroces tribulaciones de Israel.

La rebelión de Satán estableció una guerra en movimiento. La estrategia de Dios fue clara. La línea de batalla fue trazada para el conflicto de las eras. La intención de Dios fue la de glorificarse por medio de la demostración de que sólo Él era, y es, soberano del universo. El plan de Dios se enfocó en un pueblo de Su elección – un pueblo que sería llamado "Israel" y la venida de su Mesías, quien sería llamado Jesús (Yeshua). ¿Por qué ese pueblo? La Biblia dice que: "esto no fue porque ustedes fueran en número más que cualquier otro pueblo por lo que el Señor estableció Su amor sobre ti y te escogió, porque tu fuiste el menor de todos los pueblos...." (Deuteronomio 7:7).

A través de la historia, Satanás trataría en escena tras escena de evitar la aparición del Mesías. El trataría de terminar con el linaje de David a través del cual vendría el Mesías. Para poder destruir la venida del "Rey de los Judíos," Satanás convencería al rey Herodes para matar a todos los bebés varones antes de que el rival de su trono tuviera oportunidad de crecer. Satanás tentaría a Jesús (Yeshua) para que se rindiera de Sus planes y someterlo en el desierto y en el huerto de Getsemaní. Esos y otras numerosas tácticas serían parte del plan de Satanáspara evitar que Dios restableciera Su Reino por medio del Mesías venidero.

- *¿Por qué piensas que Dios escogió a Israel de entre todas las naciones?*

_____

_____

_____

_____

- *¿Esta sección reveló algo nuevo en referencia a la importancia de Israel para Dios y para ti?*

_____

_____

_____

_____

Dios Escogió a Su Hombre y le Dio la promesa

Dios comenzó Su plan con un hombre llamado Abraham (originalmente,Abram). Dios le aseguró que sus descendientes serían tan numerosos como las estrellas en los cielos. Él selló Su promesa en una visión de "caminar sobre sangre" (Génesis 15), una ceremonia bien conocida por Abraham en la cual ambas partes de un gran acuerdo caminaban a través de un camino de sangre creado por animales sacrificados en ambos lados del camino. Los animales sangrantes simbolizaban lo que podría sucederle a cualquier participante en caso de violar el acuerdo. En este caso, Dios fue el único que paseó por ese camino. Dios estaba mostrando a Abraham que aún si él (Abraham) fallara en cumplir su parte del pacto, Dios permanecería fiel a Sus obligaciones. En la plenitud del tiempo, Él derramaría Su propia sangre en el sacrificio expiatorio de Jesús (Yeshua).

Cuando Abraham tenía 86, Ismael nació (a través de Abraham y su sirvienta Agar), comenzando el linaje de la población Árabe mundial. Trece años después, cuando Abraham tenía 99, Dios hizo un pacto eterno con él y con sus descendientes de darles la tierra de Canaán como una posesión eterna. Él iba a ser también su Dios. Como una señal de aceptación de este pacto, cada varón de su descendencia debería ser circuncidado.

Dios declaró que un hijo, Isaac, finalmente nacería de Sarah, la esposa de Abraham, y que Su pacto se establecería a través de este futuro hijo, no de Ishmael. A la edad de 100, 25 años después de "la promesa," Abraham vino a ser el padre de Isaac, sin importar el hecho de que a Sarah ya se le había pasado el tiempo para concebir. Mientras Isaac era un joven, Dios puso a prueba a Abraham pidiéndole que sacrificara a Isaac en el Monte Moríah. Dios recompensó a la disposición de Abraham para obedecer al proveerle un carnero cuyos cuernos se enredaron en un arbusto cercano. Cuán impresionante sombra de la corona de espinas que sería puesta en la cabeza de Jesús (Yeshua) en el sacrificio expiatorio final que Jesús (Yeshua) efectuaría en el mismo sitio 2,000 años después.

El tiempo pasó, e Isaac llegó a ser padre de Jacob, cuyos hijos vinieron a ser las doce tribus de Israel. José fue vendido como esclavo por sus hermanos, pero al último se levantó en poder en Egipto y proveyó alimento y refugio para la familia de José cuando el hambre devastó la región. Cuatrocientos años más tarde cuando Moisés apareció en escena, los 70 miembros de la familia de José que lo alcanzaron en Egipto había crecido a más de 2 millones. Desafortunadamente, el nuevo faraón no tenía ni la más remota idea de quién era José y le creció un temor por el "pueblo de los hijos de Israel." El pueblo Judío fue puesto en esclavitud y fueron sujetos a labores severas bajo faraón, esclavitud que duró más de 200 años. Dios le dio a Moisés órdenes de acción para confrontar a Faraón. Debido al incremento de la dureza de corazón de faraón, Dios tuvo que enviar las diez plagas sobre Egipto para convencer a Faraón para que finalmente permitiera irse a los Israelitas.

La décima y final plaga terrible fue la muerte del hijo primogénito. Así como Dios pasó a través de la tierra de Egipto, infringiendo Su juicio en esa noche fatal, el "Pasó sobre" los hogares Judíos donde los residentes obedecieron las instrucciones de salpicar la sangre de un corderos in mancha sacrificado sobre los postes y dintel.

- *¿Cómo podemos entrar en la libertad de los hijos de Israel experimentando la "Pascua original?" Ver 1 Corintios 5:7.*

_____

_____

_____

_____

Considerando el amor incondicional de Dios por Su pueblo, Israel, ¿Cuáles son las implicaciones de los siguientes versículos?

Salmos 98:3   Se ha acordado de su misericordia y de su verdad para con la casa de Israel; Todos los términos de la tierra han visto la salvación de nuestro Dios.

_____

_____

_____

_____

_____

Salmos 115:12   El Señor se acordó de nosotros; nos bendecirá; Bendecirá a la casa de Israel; Bendecirá a la casa de Aarón.

_____

_____

_____

_____

_____

18

Salmos 118:2   Diga ahora Israel, "Que para siempre
es su misericordia."

_____

_____

_____

_____

Los Tiempos de los Gentiles

A pesar de que Israel eventualmente tomó posesión de la "Tierra Prometida," ella se volvió rebelde, malvada, y perversa. Dios envió profetas para advertir a su pueblo, pero ellos no escucharon. La paciencia de Dios eventualmente se agotó durante ese tiempo de grave desobediencia. Los residentes de Judá fueron llevados en cautividad a Babilonia por un período de 70 años. Esto inició lo que es conocido como "Los Tiempos de las Naciones" o "Los Tiempos de los Gentiles," cuando no habría rey del linaje de David reinando sobre Israel. La línea continuaría, aunque ninguno de esta línea real se sentara en el trono después de Jeconías, justamente antes de la deportación en el 605 A.C.

Tal como Isaías había profetizado, cuando Ciro fue elevado al poder, el emitió un decreto permitiendo a los Judíos regresar a su tierra después de 70 años de cautividad. Sin importar los retrasos y la oposición, Israel emergió victoriosa cuando los muros del templo de Jerusalém fueron reconstruidos.

En 332 Alejandro el Grande, el primer europeo invasor de Asia, sonoramente derrotó a los Persas. Para los próximos 900 años, Judá estuvo bajo un tipo de régimen Greco-Romano. Los "Tiempos de los Gentiles" continuaron. Alguien diferente a un descendiente de David estaba reinando sobre ellos. Las esperanzas Judías para ser auto-gobernados fueron casi extinguidas. Una vez más, Dios estaba al rescate.

Después de la muerte de Alejandro, su imperio fue dividido entre sus cuatro generales; Casandro, Lisímaco, Ptolomeo, y Seleuco. Judá estaba bajo el control del general Sirio Seleuco. De su linaje viene el más notorio regidor en toda la historia Judía

Antíoco Epífanes (otro tipo de Hitler), quien vino al trono en el 175 A.C. Determinado a imponer la cultura Griega y su religión en todo su reino, él demandó que todo lo relacionado con la adoración Judía a Dios debería terminarse, especialmente las ofrendas y sacrificios. Él profanó el templo al entrar al lugar santísimo y sacrificar un cerdo en el altar de la ofrenda encendida. El declaró ilegal la circuncisión y la observancia del Sabado, erigió altares ajenos, y forzó los sacrificios paganos, e instituyó la adoración a Zeus y a otras deidades griegas. Para colmo de esto, ejecutó a cualquier Judío que fuera encontrado con una copia de la Ley (Escritura Judía). Satanás estaba usando una táctica que ha usado frecuentemente antes – forzando al pueblo Judío a escoger entre exterminio y el pecado de la apostasía.

Después de un verdadero tiempo sangriento en la historia de Israel, los hermanos Judíos Macabeos, quienes fueron reducidos en número y restringidos de los suplementos básicos, guiaron a su pueblo a la batalla en contra de sus enemigos y eventualmente forzaron a Antíoco a dejar el poder, sacando a los Griegos fuera de Judá. Es entonces, en otra milagrosa victoria contra un terrible enemigo y con la limpieza y re-dedicación del Templo, vemos la mano de Dios protegiendo a Su pueblo. El festival de Jánuca viene de esta victoria de la protección de Dios sobre Su pueblo contra un enemigo visiblemente imposible de vencer, como Judas Macabeo y sus hermanos recibieron la asistencia divina y cuando, también, de acuerdo a la tradición, el suplemento de aceite para un día en la iluminación del Templo, éste proveyó luz para ocho días en el Templo.

En el año 37, Herodes el Grande, el mitad Judío, mitad Indumeo, llegó a ser rey. Fue bajo su reinado que Jesús (Yeshua) nació en Belém, tal y como lo predijeron las Escrituras (Miqueas 5:2). Jesús (Yeshua) creció en Nazaret y comenzó su ministerio público para "las ovejas perdidas de Israel" en la región de Galilea. Su afirmación de ser "uno con el Padre" creó una división entre sus seguidores y aquellos que no estaban convencidos. La muerte y resurrección de Jesús (Yeshua) representó la parte más importante de la gran escena. Espiritualmente, Satanás había sido aplastado. La humanidad había sido rescatada y regresada por el costo de la vida de Jesús (Yeshua). La bola estaba ahora en la cancha del ser humano. Cada persona, Judío y Gentil, debe decidir si recibe o rechaza a Jesús (Yeshua) como Señor y Salvador.

Mientras Dios ganó, fue provista una mayor victoria y redención, Satanás continuó empleando una de sus favoritas y más efectivas tácticas – desunión de la peor clase entre el pueblo Judío y el Gentil de todo el mundo. Este estudio se enfoca en una arena crucial en la cual este anti-semitismo ha florecido – la desunión entre Judío y Gentil creyentes en Jesús (Yeshua).

Considerando la impresionante historia de supervivencia de Israel, deberá estar claro que Dios ha amado al pueblo Judío con un amor eterno. Él ha prometido hacerlo para siempre. Aun cuando el pueblo de Israel ha herido el corazón de Dios, Él nunca ha dejado de amarlo. A través de la historia Él ha disciplinado a aquellos que ama, aún a ti y a mí. Cada una de Sus acciones han sido y continuarán siendo motivadas por amor. No podría haber ninguna otra forma. Él es amor.

Discute las implicaciones de los siguientes versos:

Oseas 14:4   Yo sanaré su rebelión, los amaré de pura gracia; porque mi ira se apartó de ellos.

_____

_____

_____

_____

Salmos 130:8   Y él redimirá a Israel De todos sus pecados.

_____

_____

_____

_____

Romanos
11:25 - 26

Porque no quiero, hermanos, que ignoréis este misterio, para que no seáis arrogantes en cuanto a vosotros mismos: que ha acontecido a Israel endurecimiento en parte, hasta que haya entrado la plenitud de los gentiles; y luego todo Israel será salvo, como está escrito: **"Vendrá de Sion el Libertador, Que apartará de Jacob la impiedad."**

_____

_____

_____

_____

Basado en los siguientes versos, ¿Cuál fue el rol de Dios para el Pueblo Judío? ¿Qué será la resultante de su misión? ¿Cómo piensas que lo están haciendo? ¿Tiene la Iglesia un rol en todo esto? Si es así, ¿Cuál es?

Génesis 12:2-3

Y haré de ti una nación grande, y te bendeciré, y engrandeceré tu nombre, y serás bendición. Bendeciré a los que te bendijeren, y a los que te maldijeren maldeciré; y serán benditas en ti todas las familias de la tierra.

_____

_____

_____

_____

Éxodo 6:7   Y os tomaré por mi pueblo
y seré vuestro Dios; y
vosotros sabréis que yo soy
El Señor vuestro Dios, que
os sacó de debajo de las
tareas pesadas de Egipto.

_____
_____
_____
_____
_____

Preguntas que esta lección levantó en mí

1. _____
_____
_____

2. _____
_____
_____

3. _____
_____
_____

Lección Dos
Las Naciones – Luz Viene a los Gentiles

…al "Pueblo ajeno" le diré "Tú eres pueblo mío", y
él me dirá: Dios mío. (Oseas 2:23)

Las palabras "Gentil" y "nación" son frecuentemente
intercambiables en la Escritura. Mencionamos en la lección Uno
que los "Tiempos de los Gentiles" en algunas ocasiones se refiere
como a los "Tiempos de las Naciones." "Gentil" se utiliza
frecuentemente en la Escritura para describir a los enemigos de
Israel. Esto usualmente acarrea una connotación negativa debido al
comportamiento que está siendo descrito de la gente. Aun así, su
salvación siempre ha sido parte del plan de Dios. ¿Por qué? Debido
a Su amor por ellos. Sin importar nuestra continua desobediencia y
rebelión, Dios nos ama a todos. Es posible que no esté complacido
con nosotros siempre, pero Su deseo siempre ha sido que todo el
mundo acepte su ofrecimiento de salvación por medio de Jesús
(Yeshua). Una vez más, Él es amor. Los Gentiles comprenden el
99.78% de la población de la tierra, y Dios ama profundamente a
todos y cada uno de toda tribu y nación.

Comencemos esta lección considerando la respuesta de Dios
después de que Abraham obedeció a Dios y ofreció
voluntariamente a su único hijo, Isaac. Dios honra este acto de
gran obediencia con la promesa de que todas las naciones serían
bendecidas a través de la descendencia de Abraham.

"…y dijo: Por mí mismo he jurado, dice El Señor, que
por cuanto has hecho esto, y no me has rehusado tu hijo,
tu único hijo; de cierto te bendeciré, y multiplicaré tu
descendencia como las estrellas del cielo y como la
arena que está a la orilla del mar; y tu descendencia

poseerá las puertas de sus enemigos. En tu simiente serán benditas todas las naciones de la tierra, por cuanto obedeciste a mi voz." (Genesis 22:16-18)

Ahora vemos cómo Dios fue aquel que proveyó el actual sacrificio por medio de sustituir por Isaac con un carnero atrapado en el arbusto. En la plenitud de los tiempos, Dios trajo de la simiente de Abraham a Su único hijo, Jesús (Yeshua), el Mesías profetizado, para que sea nuestro Cordero del sacrificio, nuestra expiación, viniendo a ser la Luz señalada para todas las Naciones. ¡Nuestro Dios es un asombroso Dios!

Dios Usa a los Gentiles para sus propósitos

Mientras examinamos las Escrituras Hebreas previas al tiempo de Jesús (Yeshua), encontramos muchas instancias de Gentiles que tomaron una postura de abandonar a los dioses paganos de su herencia para seguir y servir al Dios de Abraham, Isaac y Jacob. Ahora vemos cómo esos Gentiles son recibidos y usados por Dios mientras ellos *vienen a ser uno* con el pueblo de Israel. Dios honró el amor y la obediencia de esas personas Gentiles en algunas formas asombrosas. Mientras lo reconocemos, Dios aún usó a esos fieles Gentiles en Su plan para traer al Mesías. Necesitamos entender que Dios siempre ha honrado el amor y la obediencia de los Gentiles que han volteado hacia Él y, especialmente, cuando es acompañado con el deseo del corazón para *llegar a ser uno* con Su pueblo escogido.

> Vemos cómo esos Gentiles son recibidos y usados por Dios mientras ellos *llegan a ser uno* con el Pueblo de Israel

Dios le instruyó a Israel que abrazara y cuidara a los Gentiles extranjeros que pudieran venir a ellos en paz (Deuteronomio 10:19). Israel tenía que mostrar simpatía y hospitalidad (Éxodo 23:9). Ciertas tribus de Gentiles fueron recibidas como familia.

Varios individuos fueron altamente honrados y se les confió. Muchos Gentiles hasta pelearon lado a lado con Israel en batalla. Israel trató a los Cenitas como hermanos, especialmente a los hijos de Recab (Jueces 1:16; Jueces 5:24;Jeremiah 5). Urias el Hitita era un confiable guerrero de David (2 Samuel 11). Tenemos a Itai el Geteo, quien fue capitán de la guardia de David (2 Samuel 18:2). Arauna el Jebuseo fue un residente respetable de Jerusalém (2 Samuel 24.16), e Hirám, el rey Gentil de Tiro, quien suplió a Salomón con la madera y los artesanos para la construcción del Templo.

¿Recuerdas la impresionante historia de la mujer Gentil, Rahab, la prostituta, quien se jugó la vida con los Judíos que Josué envió como espías en Jericó (Josué capítulos 2 y 6)? Ella cooperó y los protegió al darles lugar para esconderse. Rahab de hecho puso su vida en riesgo por causa de Israel. Ella y su familia fueron grandemente bendecidas mientras ella bendijo grandemente a Israel. De hecho, ellos fueron todos salvados de una segura destrucción en la caída de Jericó. Rahab se casó con Salmon, un príncipe de Judá, y vino a ser la madre de Booz, y bisabuela de David, y formó parte del linaje por el cual vendría Jesús (Yeshua) el Mesías (Mateo 1:5).

Y entonces también está Rut, una mujer Gentil, que terminó casándose con Booz y vino a ser la abuela de David. El libro de Rut habla de una hermosa historia de amor entre esta recién enviudada mujer Gentil y su suegra golpeada por el dolor, Nohemí. Nohemí tuvo una reciente pérdida de ambos hijos así como de su marido. El corazón de Rut fue movido a devoción por Nohemí y por el Dios de Abraham, Isaac y Jacob de tal manera que decidió atender las necesidades de su suegra. Ruth estaba dispuesta a dejar a su propia familia e ir a una tierra distante para honrar su compromiso con Nohemí. Escucha el corazón de Ruth mientras habla esas tiernas palabras de amor y devoción a su suegra:

No me ruegues que te deje, y me aparte de ti; porque a dondequiera que tú fueres, iré yo, y dondequiera que vivieres, viviré. Tu pueblo será mi pueblo, y tu Dios mi Dios. Donde tú murieres, moriré yo, y allí seré sepultada; así me haga El

Señor, y aun me añada, que sólo la muerte hará separación entre nosotras dos. (Rut 1:16-17).

La historia continúa para probar la tremenda fidelidad de Dios a esas mujeres Judía y Gentil, temerosas de Dios. Rut eventualmente se casa con Booz. Rut y Booz tienen un hijo llamado Obed, cuyo hijo Isaí, viene a ser el padre del Rey David. De este linaje vino Jesús (Yeshua).

Dios usa frecuentemente nuestro testimonio en formas poderosas. ¿Sientes cómo puede Dios usar los magníficos testimonios de Judíos y Gentiles desde tiempo atrás para estimularnos hoy? Nosotros necesitamos reconocer cómo ha usado Dios a fieles Gentiles en formas significativas a través de la historia de Israel y del pueblo Judío. Sus historias demuestran que el corazón de Dios por la unidad no ha cambiado en eso, de hecho, Sus planes son manifiestos dramáticamente por medio de la unidad de Judío y Gentil.

Queridos hermanos y hermanas, ¿Cuánto más nuestra unidad prosperará y florecerá hoy debido a que Jesús (Yeshua) ha orado por nosotros y está intercediendo por nosotros? Tenemos al Mesías y al Espíritu Santo activamente trabajando en nuestras vidas hoy. Nosotros tenemos la Palabra de Jesús (Yeshua) que Él nos ha dado concerniente a Su gloria de que podamos ser uno. Mientras dedicamos nuestros corazones para *llegar a ser uno*, Dios derramará Su gloria mientras permitimos que Un Nuevo Hombre, que Dios ya ha creado, para ser establecido en nuestro medio.

- **Si tú eres un Gentil, ¿Has pensado alguna vez en Dios como el "Dios de Israel"? ¿Esto cambiaría tu forma de verlo? ¿Debería?**

_____

_____

_____

_____

- **Si tú eres Judío, ¿En qué grado has estado enterado del amor de Dios por un profundo uso de Gentiles creyentes en el avance de Su reino?**

_____

_____

_____

_____

_____

_____

Los siguientes testimonios son de líderes Cristianos a los creyentes de su generación en referencia a los propósitos de Dios por Israel y la Iglesia.[1] Nosotros creemos que esas palabras de fe, que vinieron durante los 1800 años de exilio de Israel sin tierra-hogar, grandemente inspirarán y fortalecerán tu resolución para *llegar a ser uno.*

Yo pienso que nosotros no le adjudicamos suficiente importancia a la restauración de los Judíos. Nosotros no pensamos suficiente sobre eso. Pero ciertamente, si hay una tierra prometida en la Biblia, es esta. El día vendrá todavía cuando los Judíos, quienes fueron los primeros Apóstoles a los Gentiles, los primeros misioneros para nosotros, que estábamos lejanos, seríamos reunidos nuevamente. Hasta que esto suceda, la plenitud de la gloria de la Iglesia nunca podrá llegar. Inusuales beneficios para el mundo están ligados con la restauración de Israel; su recogimiento será como vida de entre los muertos. – Charles Spurgeon, un predicador Inglés (1834-1892)

---

[1] Jerry Marcelino con Yochanan Ben Yehuda, *Should the church have a heart for Israel?* (Hartsville, TN: Heart for Israel, 2001), 9-34, **WWW.heartforisrael.com**

Predicar de Juan 5:40, "aún ustedes se reúsan a venir a mí para que tengan vida", en medio de este sermón que ha sido descrito como uno de los más sobresalientemente bendecidos del Señor predicados en Escocia, Cameron cayó en un "estado de llanto", y sus oyentes lloraron con él. Compelido por el momento para parar, él "oró por la restauración de los Judíos." Un historiador reportó que 200 años más tarde, el recuerdo de esos servicios no han muerto en medio de la gente de los distritos donde Cameron habló. – Richard Cameron, un predicador Escocés (1648-1680)

"No existe ninguna promesa en ningún lugar de levantamiento de un reino ante el Señor Cristo en este mundo si no es expresado, o claramente intimado, que el principio de esto deberá ser con los Judíos." John Owens, un ministro y teólogo Inglés (1616-1683)

"Israel Salvo, traerá vida al mundo muerto…tal u como lo hemos encontrado, en medio de las parchadas colinas de Judá, que la brisa de la tarde, viniendo en silencio, dio vida a toda planta, haciendo que el pasto brote y las flores sean puestas para su más dulce fragancia, así el Israel salvo será cuando venga como una brisa sobre este muerto y seco mundo. El remanente de Jacob será en medio de mucha gente como una brisa del Señor, como las lluvias sobre el pasto, que no permanece para los hombres, ni se espera para los hijos de los hombres" (Miqueas 5:7). -Robert Murray McCheyne, pastor de Church of Scotland (1813-1843)

"Oh que el tiempo de bendición vendrá cuando todo Israel sea salvo…Nuestra fe espera el glorioso evento, pero esto será visto por los dones y el llamamiento de Dios sin arrepentimiento." – Philip Doddrige, pastor evangélico Anglicano y teólogo (1702-1751)

Cuán benditas son esas palabras de fe hacia el pueblo Judío e Israel que fueron habladas o escritas por esos Líderes Gentiles de su tiempo. Esos hombres de fe creyeron en las promesas de pacto para el pueblo Judío e Israel cuando, en lo natural, seguramente se veía como una imposibilidad. Nosotros somos ahora privilegiados en vivir en el día cuando Israel sea otra vez una nación (desde 1948) y el pueblo Judío viviendo en "la tierra" está recibiendo a su Mesías, Jesús (Yeshua). Esto es estimado de que hay ahora más de 100 congregaciones Mesiánicas y agrupaciones en la tierra de Israel. Que podamos ejercer la misma fe en el Señor como nuestros antepasados en llegar a ser uno y creer que nuestra unidad será usada para acelerar el día en que "todo Israel sea salvo" (Romanos 11:26).

No debería sorprendernos que Satanás también reconoce los grandes fundamentos de nuestro llegar a ser uno. Él ha enfocado su atención sobre la alienación de Judíos y Gentiles sobre las eras por todos los medios a su disposición. En la lección cuatro y cinco nos dirigiremos a algunos de los tiempos desafortunados cuando grandes tinieblas se enraizaron en la historia de la Iglesia Gentil hacia Israel y el pueblo Judío. Al exponer algunas de esas terribles tragedias veremos como esta guerra en los cielos está lejos de acabar. Aun así, nos confortamos al saber que hay victoria donde quiera que aún un creyente es levantado hacia el corazón de Jesús (Yeshua) por el amor y la unidad entre Judío y Gentil.

¿Por qué los Judíos creyentes se asombraron en estos versos?

Hechos 10:45   Y los fieles de la circuncisión que habían venido con Pedro se quedaron atónitos de que también

sobre los gentiles se derramase el
don del Espíritu Santo.

_____

_____

_____

_____

_____

_____

_____

_____

Hechos 11:18   Entonces, oídas estas cosas, callaron,
y glorificaron a Dios, diciendo: ¡¡De
manera que también a los gentiles ha
dado Dios arrepentimiento para
vida!

_____

_____

_____

_____

_____

_____

_____

**¿Qué dicen estos versos acerca del corazón de
Dios por los Gentiles?¿Cuál debería ser la
respuesta de los Gentiles creyentes?**

Hechos 9:15   El Señor le dijo (Paul): Ve, porque
instrumento escogido me es éste,
para llevar mi nombre en presencia
de los gentiles, y de reyes, y de los
hijos de Israel;.

_____
_____
_____
_____
_____
_____

Hechos 15:14   "Simón ha contado cómo Dios
visitó por primera vez a los gentiles,
para tomar de ellos pueblo para su
nombre."

_____
_____
_____
_____
_____

Isaías 11:10   Acontecerá en aquel tiempo que las
naciones van a recurrir a la raíz de
Isaí, que va a ser como una señal
para el pueblo

_____
_____
_____
_____
_____

**1. ¿Qué está estableciendo claramente Dios
como objetivo en los siguientes dos versos?¿Has
considerado seriamente esos versos
anteriormente?**

2. ¿Qué implicaciones existen en esos versos para tu vida?

3. ¿Cómo piensas que Dios intenta cumplir esto?

Deuteronomio
32:21

Ellos (Israel) me movieron a celos con lo que no es Dios; Me provocaron (Israel) a ira con sus ídolos; Yo también los moveré (Israel) a celos con un pueblo (Gentiles) que no es pueblo, Los provocaré (Israel) a ira con una nación insensata (Gentiles).

Objetivo de Dios:

_____
_____
_____

Implicaciones:

_____
_____
_____
_____

Cómo cumplirlo:

_____
_____
_____

Romanos 11:11

Digo, pues: ¿Han tropezado los de Israel para que cayesen? En ninguna manera; pero por su transgresión vino la salvación a los Gentiles, para provocarles a celos.

Objetivo de Dios:

_____

_____

_____

_____

Implicaciones:

_____

_____

_____

_____

Cómo cumplirlo:

_____

_____

_____

_____

Preguntas que esta lección levantó en mí

1. _____

_____

_____

2. _____

_____

_____

Lección Tres
El plan de Dios para la Unidad entre Judíos y Gentiles Creyentes

...para crear en sí mismo de los dos un solo y
nuevo hombre, haciendo la paz... (Efesios 2:15)

Con esta lección, comenzamos nuestro viaje al enfoque principal de este estudio-,Llegando a ser uno. Esperamos que para este momento, tus ojos se hayan abierto para la gran imagen del diseño de Dios involucrando a creyentes Judíos y Gentiles y Su deseo de remover todos los obstáculos para la unidad entre los dos grupos. Como vemos en la siguiente lección, desde la perspectiva de Dios, los creyentes Gentiles tienen unos muy profundos y duraderos vínculos hacia el pueblo Judío. Esto también está claro, que los planes de Dios sean cumplidos plenamente sólo cuando los creyentes Judíos y los creyentes Gentiles lleguen a ser uno, fuertemente abrazando los corazones unos de otros. Cuando oramos la oración del Padre Nuestro, "Venga tu reino, y tu voluntad se haga"(Mateo 6:10), que esto traiga al hogar la urgencia de cuánto nos necesitamos verdaderamente unos de los otros.

Conectividad Espiritual – El Plan de Dios para los Creyentes

Esto podría sonar como si estuviéramos hablando acerca de la internet, pero la gran imagen del diseño de Dios siempre ha incluido vínculos importantes y conexión entre Gentiles y Su plan por Israel y el Pueblo Judío. Nos damos cuenta de lo mucho de este camino que resulta poco familiar para muchos de ustedes, especialmente si tu no vives en un centro de mayor población Judía. Para algunos de ustedes, esto podría tomar un poco de tiempo el cambiar nuestra orientación desde vivir en un totalizado mundo "Cristianizado" donde el pueblo Judío, salvo o perdido, no se considera ni siquiera se piensa en él.

Cuando los creyentes empiezan a hacer conexiones, ellos se dan cuenta de que su fe como creyentes en Jesús (Yeshua) es una extensión del Judaísmo Bíblico. Consecuentemente, las raíces Judías de los creyentes Gentiles se profundizan. Cuando las audiencias de los apóstoles Judíos aceptaron sus mensajes y recibieron a Jesús (Yeshua) como el Mesías prometido, ellos nunca dejaron de ser Judíos. No se les pidió que abandonaran su herencia Judía, cultura e identidad para adoptar prácticas Judías. Su fe simplemente trajo el cumplimiento de las promesas que ellos y sus ancestros han anticipado desde las Sagradas Escrituras. Tendemos a olvidar que la iglesia primitiva fue enteramente Judía. Como podemos ver en las próximas lecciones, el anti-semitismo gradualmente desgarró a la Iglesia de su herencia Judía al grado que muchos creyentes Gentiles hoy entran en shock al leer acerca de sus raíces Judías. Afortunadamente, algunos entendimientos Judío-enraizados y algunas prácticas han sobrevivido en la Iglesia. Increíblemente, hasta nuestra generación, las conexiones piadosas entre los creyentes Judíos y Gentiles se han roto durante los últimos 1800 años (con raras excepciones),

> Los Gentiles creyentes han venido a recibir todas las bendiciones que deberían recibir a través de las ramas naturales, el pueblo Judío.

El gentil Creyente debería estar muy familiarizado con la imagen en Romanos capítulo 11, acerca del árbol de olivo y cómo las ramas de olivo silvestre (Gentiles) han sido injertadas entre las ramas naturales (la riqueza natural Judía). Los gentiles creyentes han venido a recibir todas las bendiciones que deberían recibir a través de las ramas naturales, el pueblo Judío. En el maravilloso plan maestro de Dios, somos instruidos en este mismo pasaje de Romanos, que la salvación fue traída a los Gentiles por el propósito de provocar a celos al pueblo Judío para que ellos desearan al Mesías por ellos mismos. Esto representa la clave del testimonio no sólo al pueblo Judío, sino a todos en todo lugar. Debemos vivir nuestras vidas de tal manera que otros deseen lo que tenemos. Esto es tan simple y muy convincente. (Por favor lee el recurso "Witnessing to Jewish People" en el apéndice de este estudio.)

Más que una Mente afirmada –un "Corazón afirmado"

¿Haz considerado alguna vez la diferencia entre tu corazón y tu cabeza? Más allá de las dieciocho pulgadas desde tu cabeza hasta tu corazón, se plasma un abismo potencialmente inmenso. Necesitamos estar alertas que si este abismo no es un puente, nuestra habilidad para llegar a ser uno es puesta en juego. Nuestro entendimiento intelectual, aún si es de las Escrituras, es importante. Sin embargo, nuestra disposición para poner nuestros corazones bajo la lente de aumento de Dios es esencial si alguna vez vamos a llegar a ser uno. Haciendo esto puede descubrir algunas actitudes ocultas hacia aquellos "del otro lado."

Considera esta escritura de Romanos 10:10 referente a la salvación y asuntos del corazón: "Porque con el corazón se cree para justicia, pero con la boca se confiesa para salvación." El lugar del corazón es donde los cambios genuinos se efectúan. Lo que fluye de un corazón justo es acciones efectivas y hechos donde Dios es glorificado.

Los siguientes versos deberán solidificar en tu mente cuánto ama Dios tanto a Judíos como a Gentiles. Cualquier grupo al que tu pertenezcas, se deberá enfocar en otro grupo y deberá empezar a pensar en términos de una familia que está esperando una gloriosa reunión familiar. Imagina qué tipo de reunión estremecerá el corazón de Dios después de tantos años de división.

¿Cómo da un nuevo significado esta perspectiva a estos versos tan familiares?

Juan 3:16   Porque de tal manera amó Dios al mundo

que dio a su hijo unigénito, para que todo aquel que en él crea, no se pierda mas tenga vida eterna.

_____

_____

_____

_____

_____

_____

Juan 18:37

Le dijo entonces Pilato: ¿Luego, eres tú rey? Respondió Jesús: Tú dices que yo soy rey. Yo para esto he nacido, y para esto he venido al mundo, para dar testimonio a la verdad. Todo aquel que es de la verdad, oye mi voz.

_____

_____

_____

_____

_____

_____

Romanos 1:16

Porque no me avergüenzo del evangelio, porque es poder de Dios para salvación a todo aquel que cree; al judío primeramente, y también al griego.

_____

_____

_____

_____

_____

_____

Romanos 11:29-32   Porque irrevocables son los dones y el llamamiento de Dios. Pues como vosotros también en otro tiempo erais desobedientes a Dios, pero ahora habéis alcanzado misericordia por la desobediencia de ellos, así también éstos ahora han sido desobedientes, para que por la misericordia concedida a vosotros, ellos también alcancen misericordia. Porque Dios sujetó a todos en desobediencia, para tener misericordia de todos.

_____
_____
_____
_____
_____
_____

Efesios 3:6   …que los gentiles son coherederos y miembros del mismo cuerpo, y copartícipes de la promesa en Cristo Jesús por medio delevangelio,.

_____
_____
_____
_____

Los versos presentados aquí deberán remover nuestras dudas acerca del deseo de Dios por la unidad entre creyentes Judíos y Gentiles. Este deseo emana del centro del corazón de Dios. Cuando la mayoría de los creyentes escuchen la palabra "unidad," ellos generalmente piensan en términos de diferencias raciales o denominacionales. La unidad entre Judíos y Gentiles creyentes no es común en sus mentes, sin embargo, el "nuevo hombre" de Efesios 2:15 se refiere específicamente a Judíos y Gentiles.

1. versos para nuestro estudio. Ponlo en tus propias palabras:

Efesios 2:15-16

…aboliendo en su carne las enemistades, la ley de los mandamientos expresados en ordenanzas, para crear en sí mismo de los dos un solo y nuevo hombre, haciendo la paz, y mediante la cruz reconciliar con Dios a ambos en un solo cuerpo, matando en ella las enemistades.

_____

_____

_____

_____

_____

_____

2. De creyentes (Judíos y Gentiles) de acuerdo a los deseos de Dios, expresados en los siguientes versos, que han sido cumplidos:

I Corintios 12:13

Porque por un solo Espíritu fuimos todos bautizados en un cuerpo, sean judíos o griegos, sean esclavos o libres; y a todos se nos dio a beber de un mismo Espíritu.

Salmos 133:1

!!Mirad cuán bueno y cuán delicioso es, Habitar los hermanos juntos en armonía!

Salmos 34:3	Engrandeced a El Señor conmigo, Y juntos exaltemos a su nombre.
Romanos 3:29	¿Es Dios solamente Dios de los judíos? ¿No es también Dios de los gentiles? Ciertamente, también de los gentiles.
Efesios 4:16	De quien todo el cuerpo, bien concertado y unido entre sí por todas las coyunturas que se ayudan mutuamente, según la actividad propia de cada miembro, recibe su crecimiento para ir edificándose en amor.

_____

_____

_____

_____

_____

_____

_____

3. Discute acerca de cuáles pasos pueden ser tomados para ayudar a remover la división entre Judíos y Gentiles creyentes.

| I Corintios 1:10 | Os ruego, pues, hermanos, por el nombre de nuestro Señor Jesucristo, que habléis todos una misma cosa, y que no haya entre vosotros divisiones, sino que estéis perfectamente unidos en una misma mente y en un mismo parecer. |

_____
_____
_____
_____
_____
_____
_____
_____

I Corintios 12:25   …para que no haya desavenencia
en el cuerpo, sino que los
miembros todos se preocupen los
unos por los otros.

_____
_____
_____
_____
_____
_____

4. ¿Deberán tener mientras la unificación toma lugar? ¿Por qué?

Romanos 11:11-19   Digo, pues: ¿Han tropezado los de
Israel para que cayesen? En ninguna
manera; pero por su transgresión
vino la salvación a los gentiles, para
provocarles a celos. Y si su
transgresión es la riqueza del
mundo, y su defección la riqueza de
los gentiles, !cuánto más su plena
restauración! Porque a vosotros
hablo, gentiles. Por cuanto yo soy
apóstol a los gentiles, honro mi
ministerio, por si en alguna manera
pueda provocar a celos a los de mi

sangre, y hacer salvos a algunos de ellos. Porque si su exclusión es la reconciliación del mundo, ¿qué será su admisión, sino vida de entre los muertos? Si las primicias son santas, también lo es la masa restante; y si la raíz es santa, también lo son las ramas. Pues si algunas de las ramas fueron desgajadas, y tú, siendo olivo silvestre, has sido injertado en lugar de ellas, y has sido hecho participante de la raíz y de la rica savia del olivo, no te jactes contra las ramas; y si te jactas, sabe que no sustentas tú a la raíz, sino la raíz a ti. Pues las ramas, dirás, "Fueron desgajadas para que yo fuese injertado."

_____

_____

_____

_____

_____

_____

_____

_____

_____

_____

_____

5. Sin tomar en cuenta el rechazo que recibió el apóstol Pablo de parte de sus colegas Judíos no creyentes, ¿Qué nos dicen los siguientes versos acerca de su reacción?

Romanos 9:3	Porque deseara yo mismo ser anatema, separado de Cristo, por amor a mis hermanos, los que son mis parientes según la carne;
Romanos 11:13-15	Porque a vosotros hablo, gentiles. Por cuanto yo soy apóstol a los gentiles, honro mi ministerio, por si en alguna manera pueda provocar a celos a los de mi sangre, y hacer salvos a algunos de ellos. Porque si su exclusión es la reconciliación del mundo, ¿qué será su admisión, sino vida de entre los muertos?

_____

_____

_____

_____

_____

_____

- **¿Qué implica esto en relación con el cómo los Gentiles creyentes se deberían sentir hacia el pueblo Judío, especialmente con los Judíos creyentes?¿Por qué piensas que la mayoría de los Gentiles creyentes han aportado tan poco hacia esta relación? Previo a este estudio, ¿Has aportado algo hacia este tipo de relación? En caso de responder no, ¿Está iniciándose algún cambio?**

_____

_____

_____

_____

_____

_____

- El modelo de Iglesia del Nuevo Testamento del primer siglo consistió de asambleas organizadas de Judíos y Gentiles seguidores de Yeshua (Jesús), ¿Es esto lo que ves hoy en día? Y en caso de responder no, ¿Cuáles razones podrías dar?

_____

_____

_____

_____

_____

_____

Preguntas que esta lección levantó en mí

1. _____

_____

_____

2. _____

_____

_____

3. _____

_____

_____

Lección Cuatro
Obstáculos Presentes y Pasados

… Así que, ya no nos juzguemos más los unos a los
otros, sino más bien decidid no poner tropiezo u
ocasión de caer al hermano…. (Romanos 14:13)

Todos hemos aprendido a través de la experiencia que nada de
gran valor viene fácilmente. Con la victoria viene el precio a ser
pagado. La unidad que este estudio busca facilitar no es la
excepción. Tanto Judíos como Gentiles Creyentes deben tener la
voluntad y la disposición de hacer cualquier cosa que se requiera
para preparar el llegar a ser uno en unión como Dios lo desea. De
la misma forma, cada creyente debe reconocer los obstáculos que
potencialmente se levantan en el camino y entonces buscar la
ayuda de Dios para evitarlos o eliminarlos. La lección Cuatro y
Cinco identifican los obstáculos más significativos presentes y
futuros para alcanzar la unidad. La lección seis presenta una vista
Bíblica y un mapa para llegar a ser uno. La lección Siete describirá
los pasos actuales que algunas congregaciones e individuos están
tomando para hacer de la unidad una realidad.

Bloqueos Históricos para la Unidad
Muchos Gentiles creyentes son sinceramente confundidos
como el cual el pueblo Judío parece resistirse a las Buenas Nuevas,
el Evangelio de Jesús El Cristo. De la misma forma, estos mismos
gentiles tienen dificultad comprendiendo la hostilidad que muchos
Judíos creyentes reciben de sus familiares inmediatos. Esto no es
inusual que los Judíos creyentes sean desheredados por sus
familias. En casos extremos, la familia actualmente lleva a cabo

una ceremonia funeral por aquel que le ha dado su corazón a Jesús (Yeshua). Muchos de ustedes se preguntarán cómo esto podría ser posible.

Trágicamente, la historia de las pasadas atrocidades efectuadas en el nombre de Cristo en contra del pueblo Judío, desde el tiempo de Constantino hasta las cruzadas, la inquisición Española, los Pogroms Rusos y el Holocausto, han generado una marca indeleble en sus memorias. Tristemente, en tiempos recientes, algunos Cristianos desinformados han reforzados esas imágenes al dar la impresión de que los Judíos creyentes en Jesús (Yeshua) deberán abandonar su cultura y herencia para ser parte del Cuerpo de Cristo.

Antes de seguir adelante en citar algunas horribles atrocidades efectuadas en el nombre de Cristo, necesitamos entender que en cada era (incluyendo hoy) ha habido muchos que han sido "conocidos" como Cristianos, pero fueron claramente aquellos que no siguieron el mandamiento de "amar al Señor tu Dios con todo tu corazón y con toda tu alma y con toda tu mente" y "amar a tu prójimo como a ti mismo" (Mateo 22:37-39). Jesús (Yeshua) hizo dolorosamente claro que "No todo el que me diga, Señor, Señor, tendrá entrada al Reino de los cielos, sino aquel que hace la voluntad de mi Padre que está en los cielos" (Mateo 7:21).

Desde el principio de los tiempos, Satanás ha hecho todo lo que puede para interrumpir los planes de Dios para la unidad entre Sus hijos. El gran engañador es el autor de "divide y vencerás." Cuando Dios identificó y llamó a Su pueblo escogido. Satanás comenzó una campaña para alienar a Israel con toda nación, pueblo y grupo sobre la tierra. Con el nacimiento de Jesús (Yeshua), Satanás lanzó un ataque sobre los seguidores de Jesús (Yeshua). Una parte esencial de su estrategia involucró el separar y alienar a Judíos y Gentiles creyentes. Mientras el Cuerpo de Jesús (Yeshua) permanezca dividido, éste será débil y menos eficiente.

Mientras el Cuerpo del Mesías permanezca dividido, éste será débil y menos eficiente.

La brecha continúa creciendo cuando Constantino abrazó el Cristianismo como una legítima religión del imperio en el 313 de nuestra era. Un emperador posterior declararía al Cristianismo como la religión oficial del estado. El anti-semitismo de Constantino contribuyó grandemente a la ceguera de la Iglesia hacia sus raíces Judías. Bajo este liderazgo político, los obispos de la Iglesia permitieron que se infiltraran toda suerte de costumbres paganas en las celebraciones Cristianas. Mientras la Iglesia se diluía y se debilitaba, el anti-semitismo envió al pueblo Judío al escondite, ampliando la sima entre Judíos y "todo lo Cristiano." El abismo eventualmente resultaría en persecución. Posteriormente en el siglo, John Chrysostom (Juan Crisóstomo), uno de los más populares predicadores de sus días, se refirió al pueblo Judío como "codiciosos, rapaces, ambiciosos, pérfidos, bandidos, irreverentes, asesinos, destructores, hombres poseídos por el demonio con los hábitos de un cerdo y la lujuria de una cabra." [2] En el año 772, León III de Constantinopla forzó a los Judíos a "convertirse" al Cristianismo.

Mientras la Iglesia se volvió "Gentil," sus miembros se distanciaron del pueblo Judío, y el pueblo Judío encontró suficientes razones para "regresar el favor." Cuatrocientos años después, las Cruzadas proveyeron al pueblo Judío alrededor de todo el mundo con amplia evidencia de la brutalidad de los "Cristianos." En el siglo 13, Tomás de Aquino, un bien conocido teólogo eclesiástico, llamó a los Judíos para volverse esclavos, en el siglo 14, por órdenes del Arzobispo de España, resultaron 10,000 Judíos muertos.

Aún Martín Lutero, quien ciertamente fue grandemente usado por el Señor, no fue inmune al gran engaño referente al odio irracional hacia el pueblo Judío. trágicamente, para finales de su vida, Lutero publicó un panfleto anti-semita en 1543 titulado "Sobre los Judíos y sus Mentiras." Él actualmente justificó la quema de sinagogas, la destrucción de los libros de oración de los Judíos, el silenciado de los Rabinos, el "aplastar y destruir" los hogares Judíos, la incautación de sus propiedades, y la

[2] David Dolan *Israel at the crossroads* (Grand Rapids, MI: Revell, 1991), 34-35

confiscación de su dinero y bienes materiales. Lutero fue aún más allá, afirmando que esos Judíos "gusanos venenosos y envenenados" deberán ser puestos a labores forzadas o expulsados "por todo el tiempo" y que "incurrimos en una falta si no los masacramos". El bien conocido historiador Británico Paul Johnson llamó al "Sobre los Judíos y sus Mentiras" la "primera obra del anti-semitismo moderno, y un paso gigante hacia adelante en el camino del Holocausto." [3]

A finales de los 1800, sacerdotes portando crucifijos que se hacían llamar "Cristianos" lideraron movimientos en contra de comunidades Judías en Europa y Rusia (durante los Pogroms). Ellos quemaron sus hogares, violaron a las mujeres y asesinaron a aquellos que trataron de defenderse, yéndose aún sobre aquellos, que de acuerdo a su engañada forma de pensar, habían "masacrado a Jesús (Yeshua)."

Entonces hubo un exterminio de seis millones de Judíos a manos de los Nazis, quienes haciendo referencia a los escritos de Lutero justificaron a la policía del tercer Reich a alcanzar sus metas. En 1938, un sacerdote Católico Americano, Charles Coughlin, instigó a los medios a una campaña en contra del pueblo Judío mientras las iglesias Católicas daban la bienvenida a las tropas Nazis en Austria. A pesar de Gentiles heroicos justos como Oscar Schlinder y creyentes tales como Dietrich Bonhoffer, el silencio sobrecogedor de Cristianos en Europa y más allá permanece como un verdadero tiempo oscuro, de hecho, para la historia de la Iglesia.

Eso representa algunos de los eventos que han dado a muchas personas Judías una visión gruesamente distorsionada acerca del Cristianismo y el Mesías Jesús (Yeshua). Esas atrocidades han creado un golfo que no sería fácil de vencer, y aun así, por la gracia de Dios, nuevos capítulos están siendo escritos en nuestros tiempos de vida mientras tendemos puentes para cerrar esas brechas con el gran amor de Dios.

---

[3] Paul Johnson *A History of the Jews* (New York: Harper Collins Publishers, 1987), 242

Si esto es una forma de presentarte con las terribles fuerzas de la maldad ati-semita que ha encallado en el desastre sobre las relaciones entre Judíos y Gentiles, oramos porque esto te provoque a voltear hacia el Señor. Tal como Esdras se identificó con los pecados pasados de su pueblo (Esdras 9:5-15), ambos lados, Judíos y Gentiles, deberán pedir perdón por la división que "Su pueblo" ha causado entre ellos y nuestro Dios.

- **¿Cuánto ha influenciado cualquiera de estos bloques históricos en tu perspectiva acerca de Israel, el pueblo Judío, o Cristiano?**

  _____

  _____

  _____

  _____

  _____

  _____

  _____

- **¿Qué puedes hacer para ayudar a contrarrestar los efectos del mal efectuado en el nombre de Cristo?**

  _____

  _____

  _____

  _____

  _____

  _____

  _____

Un Bloqueo Actual en el Camino a la Unidad

Comparando con los bloques históricos que acabamos de examinar, el bloqueo u obstáculo presente para la unidad parece relativamente pequeño. Sin embargo, todavía necesitamos estar vigilantes puesto que Satanás aprovechará cualquier oportunidad para cumplir sus metas divisivas. Nosotros incluso debemos efectuar una decisión fundamental si la unidad va a ser una realidad en nuestras vidas personales. ¿Nos enfocaremos en lo que nos une en el Mesías, o en nuestras diferencias? Si es que realmente deseamos amar lo que Dios ama, entonces la elección es simple. Debemos enfocarnos en Aquel que nos une –Jesús (Yeshua), y decidir amarnos profundamente unos a otros, sin importar nada. ¡Amén!

> ¿Nos enfocaremos en lo que nos une en el Mesías, o en nuestras diferencias?

Podemos aprender del ministerio de *Promise Keepers*, que exitosamente unificó al hombre de todo grupo étnico y denominación con el propósito de avivamiento y discipulado. En 1990, Coach Bill McCartney vio una verdadera necesidad y recibió una visión de Dios para el hombre de América. Muchos hombres fueron batallando en sus responsabilidades otorgadas por Dios para con sus matrimonios, familias, iglesias y comunidades. Hombres llenaron estadios en el país mientras abrían sus corazones a Dios y unos con otros. El sentido de unidad en el estadio excedió las expectativas de la mayoría de los asistentes (incluyendo a ambos autores de este estudio). Todas las diferencias se derritieron. No se vio ni negro ni blanco, ni trigueño ni amarillo, ni Gentil ni Judío, ni Católico ni protestante ni Carismático ni Bautista. En su lugar, nos enfocamos en la realidad de que todos éramos hermanos en el Mesías Jesús (Yeshua). Teníamos en común las mismas necesidades y aspiraciones-para volvernos hombres de integridad delante de Dios-hombres comprometidos a la oración, a apoyarnos y animarnos unos a otros.

Sin embargo, de acuerdo al Dr. Raleigh Washington, quien sirvió como vice-presidente de Reconciliación para Promise Keepers, el espíritu de unidad y unicidad experimentado en los estadios quedó corto en su impacto a la Iglesia local. Un número de Iglesias fueron altamente motivadas a incrementar su sensibilidad e inclusión de todos los grupos, pero la mayoría de los pastores regresaron a sus iglesias sin efectuar ningún cambio. Muchos, incluyendo al Dr. Washington, creen que la reconciliación entre Judíos y Gentiles (el "nuevo Hombre" de Efesios 2:15) contiene la clave para un poderoso y maravilloso cambio en el Cuerpo del Mesías.

Reconociendo nuestras Diferencias

Aún dentro del mundo Cristiano Gentil, nos damos cuenta que siempre ha habido muchas diferencias sobre la teología y las prácticas dentro de la Iglesia. Igualmente, dentro de las congregaciones Mesiánicas, uno encuentra diferencias considerables entre teología y práctica. Sin embargo, todos los creyentes Gentiles y Judíos concuerdan en los escritos básicos de nuestra fe en Jesús (Yeshua), y esto es lo que nos une, haciéndonos uno en Él.

"Y de su plenitud hemos recibido, gracia sobre gracia" (Juan 1:16). Todos hemos recibido esa maravillosa gracia de Dios para nuestras vidas, pero algunas veces olvidamos ejercitar una gracia grande hacia otros. Esto es importante para llegar a ser uno y literalmente aplicar la gracia de Dios para unas relaciones duraderas que perseguimos con nuestros hermanos Judíos y Gentiles y hermanas. Por la gracia de Dios llegamos más allá de las debilidades y errores menores que vemos en la identidad de unos y otros, estilo de adoración y teología, para que así, Su amor prevalezca. Hermanos y hermanas, consideremos como debemos responder a preguntas y temas como esos:

1. ¿Cómo piensan los gentiles que los Judíos deberían ser en su nuevo encuentro de fe en Jesús (Yeshua)? ¿Menos Judíos? ¿Más Judíos?

2. ¿Deberían los Judíos creyentes animar a los creyentes Gentiles a realizar las prácticas y tradiciones en apreciación a las raíces Judías del Evangelio?

3. ¿Cómo es el "Nuevo Hombre" de Efesios 2:15? Algunos enseñan que tanto Judíos como Gentiles serán transformados en un nuevo hombre mezclado. En una versión extrema de esta enseñanza, los Judíos creyentes fueron desgarrados de su "Judaísmo," mientras los Gentiles creyentes fueron desgarrados de su "Gentilismo." Otros enseñan que somos uno en el Mesías, pero esto no significa que se supone que abandonemos las riquezas de nuestras diferencias herencias. Otros enseñan que el "nuevo hombre" se verá más Judío que Gentil o justamente lo opuesto.

Permitamos que los siguientes pasajes de las Escrituras hablen de la gracia de Dios y la verdad en esas preguntas y temas referentes a nuestras identidades Judías y Gentiles y el llamado en Jesús (Yeshua):

Pero cada uno como el Señor le repartió, y como Dios llamó a cada uno, así haga; esto ordeno en todas las iglesias. ¿Fue llamado alguno siendo circunciso? Quédese circunciso. ¿Fue llamado alguno siendo incircunciso? No se circuncide. La circuncisión nada es, y la incircuncisión nada es, sino el guardar los mandamientos de Dios. Cada uno en el estado en que fue llamado, en él se quede. (1 Corintios 7:17-20).

Yo pues, preso en el Señor, os ruego que andéis como es digno de la vocación con que fuisteis llamados, con toda humildad y mansedumbre, soportándoos con paciencia los unos a los otros en amor, solícitos en guardar la unidad del Espíritu en el vínculo de la paz; un cuerpo, y un Espíritu, como fuisteis también llamados en una misma esperanza de vuestra vocación; un Señor, una fe, un bautismo, un Dios y Padre de todos, el cual es sobre todos, y por todos, y en todos. (Efesios 4:1-6).

* **¿Cuándo consideraste por primera vez el concepto del "Nuevo Hombre" de Efesios 2:15, qué viene a tu mente – alguna de las perspectivas recién mencionadas? ¿Ha cambiado tu perspectiva? Si es así, ¿Cómo y por qué?**

  _____

  _____

  _____

  _____

  _____

  _____

  _____

* **¿Qué piensas que se necesita para tomar el triunfo sobre esas menores preocupaciones? ¿Piensas que realmente vale la pena el esfuerzo?**

  _____

  _____

  _____

  _____

  _____

  _____

* **¿Cuál es parte más fundamental de tu identidad?¿Será la de ser un Gentil o Judío**

seguidor de Jesús (Yeshua), o simplemente ser un hijo de Dios? Explica por qué y por qué no.

_____

_____

_____

_____

_____

- La tradición, la ejecución, y la obediencia ¿Qué parte, en caso de haber, juega un papel en tu identidad?

_____

_____

_____

_____

_____

- ¿Dependiendo en qué contestaste las preguntas anteriores, sientes algunas barreras para la unidad que Dios desea?

_____

_____

_____

_____

_____

- ¿Qué cambios necesitas hacer?

_____

_____

_____

_____

1. ¿Qué temas menores han sido bloqueos de tropiezo para ti?

_____

_____

_____

_____

_____

2. Discute esos temas a la luz de los siguientes versos:

Romanos 14:17   Porque el reino de Dios no es comida ni bebida, sino justicia, paz y gozo en el Espíritu Santo.

Romanos 14:19   Así que, sigamos lo que contribuye a la paz y a la mutua edificación.

La Ley de Moisés

Un tema que merece mención especial involucra la Ley de Moisés. Tengamos en cuenta que nuestra meta en este estudio es ciertamente no atentar el resolver las diferentes posiciones que Iglesias y congregaciones Mesiánicas sostienen concerniente a la Ley de Moisés. Las Iglesias y Denominaciones eclesiásticas no siempre están de acuerdo unas con otras en referencia a ciertas áreas de doctrina. Lo mismo es verdad entre las congregaciones Mesiánicas y sus respectivas asociaciones Mesiánicas. Han sido tomadas diferentes posiciones referentes a la doctrina. Esto es especialmente verdad con la Ley de Moisés.

Antes de seguir más adelante, por favor toma nota de que todos los verdaderos creyentes en el Mesías Jesús (Yeshua), sin importar su posición acerca de la Ley de Moisés, coinciden en que nadie se puede salvar a sí mismo por sus propias buenas obras. La Salvación es únicamente cumplida por la gracia de Dios a través de la sangre expiatoria de Jesús (Yeshua) derramada para toda la humanidad, para "cualquiera que crea en Él" (Juan 3:16).

> … todos los verdaderos creyentes en el Mesías Yeshúa, sin importar su posición acerca de la Ley de Moisés, coinciden en que nadie se puede salvar a sí mismo por sus propias buenas obras.

Entendiendo los variados puntos de vista podemos recorrer un gran camino hacia la unidad. La pregunta básica que necesitamos enfrentar es: ¿ Por la gracia de Dios, somos lo suficiente maduros en nuestro caminar con el Señor para mantener vínculos fuertes de unidad mientras nos relacionamos con hermanos y hermanas con diferente entendimiento sobre temas como la Ley? En otras palabras, ¿Podemos estar "de acuerdo o en desacuerdo" y aun así permanecer como una familia de tejido unificado de Judíos y Gentiles creyentes que se aman mutuamente en forma profunda de corazón? Nosotros confiamos en que la respuesta es "Sí" y "amén" para mantener el vínculo de unidad aun cuando no nos vemos el 100% ojo a ojo. De hecho, nosotros (los dos autores de este estudio), no sostenemos la misma perspectiva sobre la Ley mientras seguimos siendo hermanos sólidos como la roca en el Mesías. El libro acompañante de este estudio explora profundamente en la Ley, mirándola desde lo que podría ser una nueva perspectiva para ti. Tu teología podría ser puesta en reto como lo fue la mía (Ed también aquí) mientras yo investigué el tema.

La mayoría de las congregaciones Mesiánicas e Iglesias ven su doctrina referente a la Ley como elementos esenciales en el cumplimiento de su llamado como creyentes. Sería un error el generalizar acerca de cómo los Judíos creyentes tienden a su acercamiento de la Ley contra los Gentiles creyentes, porque existe un muy amplio espectro de enseñanzas y prácticas entre el más amplio cuerpo del Mesías hoy en día. Las congregaciones Mesiánicas varían en su entendimiento de la aplicación apropiada de la Ley de Moisés (Toráh) para su adoración y vida diaria.

Dentro de la Iglesia el tema de si la Ley ha sido abolida o si sigue en efecto, ha sido debatido por siglos, ha definido organizaciones, y hasta ha dividido denominaciones.

Para el propósito de proveer un entendimiento saludable de los diferentes puntos de vista en referencia a la Ley de Moisés y en la procuración de la unidad, nosotros te proveemos con el siguiente resumen breve. Esos siete puntos presentan las primarias posiciones que han sido tomadas por varias denominaciones en la Iglesia y estos representan las diferentes corrientes en la comunidad Mesiánica. Reconocemos la ayuda de Dan Juster, Director de Tikkun International, en su compilación de esta lista, así que, aquí vamos:

1. La Ley ha sido abolida (ambos, Judíos y Gentiles creyentes) con la venida de Jesús el Cristo, quien es la encarnación de la Ley.
2. La voluntad de Dios es descrita por Su Ley, no solo como enseñada en el Nuevo Testamento, sino también como es enseñada en la Toráh de Moisés, siendo que el nuevo Testamento es la más grande exposición de la Ley de Dios. La Ley nos dice como es el amor. La Ley está dividida en ceremonial y moral-social. La Ley moral-social es una guía para la vida personal y para la guiar las leyes y prácticas de la sociedad. La Ley Ceremonial se refiere sólo a las prácticas del antiguo Israel e incluyen el sistema sacrificial del Templo, la circuncisión, las Fiestas, el Sabado, leyes de pureza, el diezmo sacerdotal, y mucho más. Sólo la Ley moral no ceremonial, permanece para todos.
3. Los pactos de Dios con Moisés y el pueblo Judío permanecen ligados en los Judíos creyentes de hoy debido al "llamado irrevocable" para Israel (Romanos 11:29) que es inmutable. Sin embargo, la observancia de la Ley es aplicada mientras se ajusta al Nuevo Pacto y en una era sin Templo o sacrificio.
4. Los Gentiles creyentes no son requeridos para que observen la Ley de Moisés (Hechos 15:19-20). Los

Cristianos tienen la libertad para recordar las Fiestas donde ellos son guiados por el Espíritu Santo. Un Gentil creyente (Ej. Rut) puede tener un llamado excepcional en su vida hacia el pueblo Judío y tomaría entonces él mismo o ella misma una vida Judía, incluyendo la observancia de la Ley.

5. Los Gentiles han sido injertados en el Olivo de Israel (Romanos 11:17), por eso, ambos, Judíos y Gentiles ahora son llamados a guardar la misma Ley (exceptuando la circuncisión). Se dice que la Ley se aplica en la misma forma para ambos. Por eso, los Gentiles creyentes son llamados a guardar el Sabado, las fiestas, las leyes alimentarias y mucho de eso no es común en la práctica Cristiana.

6. La Ley es aplicada en su sentido universal para todos, pero partes de la Ley tienen referencias específicas para el pueblo Judío y son ciertamente aplicadas para ellos hoy en día. Esta aplicación de la Ley en una forma única para el pueblo Judío incluye a los Judíos seguidores de Jesús (Yeshua). Los Gentiles son libres para abrazar la Toráh, el calendario de Israel, y más, sin embargo, no hay mención en la Escritura acerca de que exista alguna responsabilidad de pacto para que los Gentiles lo hagan.

7. Los Judíos son llamados para responsabilidades de pacto que se refieren a toda la Toráh. Los Gentiles en Jesús (Yeshua) no son tan llamados, sino sólo para la responsabilidad de la Toráh universal como está tipificado en la enseñanza de Jesús (Yeshua) y en las epístolas de las Escrituras del nuevo Pacto. Esta distinción no es una barrera para la convivencia o unidad, sino, más bien, a través de Jesús (Yeshua) y Su sacrificio en la cruz, Judíos y Gentiles creyentes han sido reconciliados ppara formar un cuerpo (Efesios 2:14).

En resumen, la lección cuatro ha observado los terribles aspectos históricos que han contribuido a los obstáculos para la unidad. Nosotros también hemos visto la corriente y algunos temas menores que son importantes para entender. Para poner esos temas menores en perspectiva, lee Romanos nutrido con oración, los capítulos 14 y 15. La previsión de Pablo pone en claro que Dios tratará directamente con la persona que está en error. Nuestro enfoque deberá estar en obtener justicia y guardarnos justos, recordando que todos estaremos delante del trono de juicio de Dios (Romanos 14:10).

Satanás seguramente arrojará obstáculos adicionales e inesperados en nuestro camino mientras perseguimos el llegar a ser uno. No podemos enfatizar suficiente la necesidad de continuar enfocándonos en los más grandes, más importantes aspectos en nuestras propias situaciones. Pide y recibe de Jesús (Yeshua) más gracia y amor para permanecer victorioso en el alto llamado que tenemos para la unidad.

1. ¿Has pensado acerca de esas diferentes perspectivas en referencia a la Ley antes de estudiar esta lección? ¿Cuál fue tu reacción en esta sección? ¿Por qué?

_____

_____

_____

_____

_____

2. ¿Qué preguntas levantó en tu mente esta discusión acerca de la Ley? ¿Piensas que este es un tema difícil? ¿Por qué, o por qué no?

_____

_____

_____

_____

_____

Preguntas que esta lección levantó en mí

1. _____

_____

_____

2. _____

_____

_____

3. _____

_____

_____

Lección Cinco

El Más Grande Obstáculo

… Pues El Señor no desamparará a su pueblo, por su grande nombre; porque El Señor ha querido haceros pueblo suyo….. (1 Samuel 12:22)

Los obstáculos discutidos en las lecciones previas son sustanciales, pero ellos pueden ser vencidos eventualmente mientras la verdad y el amor se desatan, como así puede este obstáculo final que examinaremos ahora. Esta lección trata con lo que posiblemente es el más grande de los obstáculos para la unidad. Tristemente, este viene del interior de la Iglesia. Afortunadamente, no todas las Iglesias se adhieren a esto. Este obstáculo es una creencia que deriva de muchos años de falsa enseñanza y de no sustancial teología concerniente a Israel. Comúnmente conocido como la "Teología del Remplazo," esta clama que Dios anuló Su pacto con Israel cuando la mayoría del pueblo Judío rechazó a Jesús (Yeshua) como Mesías y su Salvador. Muy frecuentemente, la Teología del Remplazo viene acompañada de virulentos pensamientos anti-semitas que culpan a los Judíos de la muerte de Jesús. (Favor de ver Juan 10:17-18, donde Jesús (Yeshua) claramente establece que "nadie toma" Su vida y que sólo Él tiene la autoridad para "darla" o "tomarla nuevamente.")

En este tenor, la Teología del Remplazo clama que Dios ha rechazado a Israel al abandonarla permanentemente y transfiriendo Sus bendiciones y promesas a alguien más, nombrada, La iglesia. Proponentes de esta perspectiva, argumentan que los pactos de Dios con Israel fueron condicionales, y que cuando la mayoría de Israel rechazó a su Mesías, Dios consideró nulas sus previas promesas y sin efecto, remplazando a Israel con aquellos que han aceptado o que aceptarían a Jesús (Yeshua) como su Señor y Salvador.

Siendo que la mayor parte de la Biblia es acerca de Israel, esto es un importante tema. Esto afecta mucho de la profecía, cambia el significado de muchas de las enseñanzas de Jesús (Yeshua), y ciertamente altera el futuro de Israel como una nación. Ahora sabemos por qué esto es un aspecto altamente divisor, y es, potencialmente un obstáculo mayor para la unidad si se deja sin checar.

La idea detrás de la Teología del Remplazo no es nueva. Satanás ha usado su efectividad para alcanzar su meta de alienación de los Judíos y Gentiles por siglos. Justino Mártir (160 DC) en su conversación con el Judío dijo, "Las Escrituras no son suyas, sino nuestras." Ireneo Obispo de Lyon (177 DC) declaró, "los Judíos son desheredados de la gracia de Dios." Tertuliano (160-230 DC), en su disertación, *En Contra de los Judíos*, anunció que Dios había rechazado a los Judíos a favor de los Cristianos. También, en el siglo segundo, el herético, Marcion, lideró el ataque de aquellos que atentaron en remover las Escrituras Hebreas, o Antiguo Testamento, a favor de ciertos pasajes del Nuevo testamento.

> Considerando la amplia dispersión del anti-Semitismo que existió mientras la Iglesia emergía y tomaba forma, es muy fácil ver porqué mucha gente fue convencida que Israel ha desaparecido para siempre.

Para el Tercer siglo después de la muerte de Jesús (Yeshua), cualquier Judío que había abrazado a Jesús (Yeshua) como el Mesías, era forzado a abandonar su identidad Judía, sus tradiciones y observancias, y todos los vínculos de su antigua fe Judía. Ante la Reforma, era en algunas ocasiones un tema de vida o muerte debido a las leyes de la Inquisición. Después de la reforma, se requería adherirse en convivencia con el Protestantismo. Por casi

2,000 años, Israel fue "borrado" de la historia. La iglesia del Santo Imperio Romano clamó ser la representante terrenal de Dios. Considerando la amplia dispersión del anti-Semitismo que existió mientras la Iglesia emergía y tomaba forma, es muy fácil ver porqué mucha gente fue convencida que Israel ha desaparecido para siempre.

Antes de que profundicemos en la Palabra de Dios, es importante que se ejercite mucha gracia para todos los creyentes que siguen pensando que la Iglesia ha sobreseído o remplazado a Israel como el pueblo del pacto de Dios. Esta perspectiva se sigue esparciendo en la Iglesia de hoy. De acuerdo a "Coach" Bill McCartney del ministerio *Camino a Jerusalém*, recientes encuestas e investigaciones muestran que más del 60% de las iglesias en América sostienen esta perspectiva. Sin embargo, es estimulante al corazón el ver más y más progreso en los cambios de posición de las iglesias y hasta el repudiar la Teología del Remplazo. Como un ejemplo, el nuevo "Catecismo de la Iglesia Católica" (1994) establece:

> "La gloriosa venida del Mesías está suspendida en cada momento de la historia hasta que sea reconocido por "todo Israel",
> Porque un 'endurecimiento ha venido sobre parte de Israel' en su 'incredulidad' hacia Jesús" (Párrafo 674).

La perspectiva Bíblica de la Teología del Remplazo

El problema central con la Teología del Remplazo es simplemente que el pacto de Dios con Israel fue incondicional. Es verdad que Dios estableció consecuencias si Israel se alejaba de Dios. También es verdad que las Escrituras Hebreas hacen referencia del pueblo escogido de Dios como "obstinado" y "necio", regularmente dándole la espalda a Dios. Las consecuencias, sin embargo, involucraron el ser removido de la tierra y ser tomado cautivo. El abandono nunca fue una opción en lo que concierne a Dios. Cuando Él hizo Su pacto con Abram (Génesis 15) por medio del caminar por "el camino de sangre" en una visión, Él le mostraba a Abram que por Su pasar entre las partes sangrientas de los animales divididos, Él estaba tomando la responsabilidad de cumplir las responsabilidades de ambas partes. En esencia, Él estaba diciendo que si cualquiera de las partes violaba el pacto, Dios derramaría Su sangre como pago.

Dios ha mantenido cada promesa que Él ha hecho. Su justicia hace imposible para Él hacer lo contrario. Esto es confirmado en los capítulos 9-11 en el libro de Romanos. Esos tres capítulos claramente resumen los tratos de Dios con Israel. El Capítulo 9 nos recuerda que Dios escogió a Israel de entre todas las naciones del mundo. El Capítulo 10 explica cómo Israel rechazó a Dios por su rechazo general del Mesías. El Capítulo 11 claramente nos habla que Dios no ha rechazado a Su pueblo, que hay un remanente que creyó, y que todo Israel será salvo en algún tiempo en el futuro. Cuando se toman en contexto los capítulos precedentes, el apóstol Pablo usa esa sección de tres capítulos para mostrar que así como Dios no ha abandonado a Israel, Él nunca abandonará a los Gentiles creyentes. ¡El total del punto es no-abandono!

- *¿Has escuchado las enseñanzas de la Teología del Remplazo? ¿Le creíste?*

  _____

  _____

  _____

  _____

  _____

- *¿Te sorprende cómo se ha esparcido esta enseñanza? ¿Por qué?*

  _____

  _____

  _____

  _____

  _____

- *Resume lo que Romanos capítulo 11 dice acerca del rechazo de Israel.*

_____

_____

_____

_____

_____

_____

_____

Discute acerca de las afirmaciones de la Teología del Remplazo a la luz de estos versos:

1 Samuel 12:22   Pues El Señor no desamparará a su pueblo, por su grande nombre; porque El Señor ha querido haceros pueblo suyo.

Jeremías 31:35-37   Así ha dicho El Señor, que da el sol para luz del día, las leyes de la luna y de las estrellas para luz de la noche, que parte el mar, y braman sus ondas; El Señor de los ejércitos es su nombre: Si faltaren estas leyes delante de mí, dice El Señor, también la descendencia de Israel faltará para no ser nación delante de mí eternamente. Así ha dicho El Señor: Si los cielos arriba se pueden medir, y explorarse abajo los fundamentos de la tierra, también yo desecharé toda la descendencia de Israel por todo lo que hicieron, dice El Señor.

_____

_____

_____

_____

_____

¿Qué dice el Salmo 89:28-37 acerca de la desobediencia de Israel y de la fidelidad de Dios?

_____

_____

_____

_____

Influencias de la Teología del Remplazo en Buenas y Sólidas Iglesias

Gracias a Dios, muchas iglesias hoy en día están enseñando acertadamente que la fidelidad de Dios en mantener Su pacto con Israel sigue en efecto. Sin embargo, esto no significa que la Iglesia está siempre sensible al lugar que Israel tiene junto con los Judíos creyentes dentro del cuerpo del Mesías. Así que, ¿Justamente cuál es el modo más sensible en que la Iglesia pueda responder al llamado único sobre los creyentes Judíos en sus inmediaciones? Se establece simplemente, es por medio del soporte en ofrendas y al animar a los Judíos creyentes a mantener su llamado irrevocable como un integrante del pueblo de Israel (Romanos 11:29). La mayor parte de los Judíos creyentes desean que la Iglesia respalde la continuidad de su vida Judía. Sin un ambiente de fuerte nutrición que anime e impulse una vida Judía e involucramiento en la comunidad Judía, el Judío creyente que es parte de una Iglesia, tiende a asimilarse en una Iglesia predominantemente de identificación cultural Gentil. (Por favor nota: no estamos sugiriendo de ninguna manera que la experiencia cultural de la Iglesia sea deficiente o incompleta para el creyente Gentil.)

Echemos un vistazo más cerca de cómo un Judío creyente en una congregación Mesiánica cumple su "llamado irrevocable" mientras se involucra en la adoración y convivencia corporativa. En general, los Judíos creyentes se encuentran ellos mismos en una de dos tipos más comunes de congregaciones Mesiánicas. La congregación Mesiánica consiste de aquellos cuya mayoría de miembros son tanto Judíos o Gentiles. En aquellas en las que la mayoría son Judíos, la vida Judía y costumbres son generalmente albergadas y los miembros Gentiles tienen un corazón para entrar a un llamado Judío y a los patrones de esta congregación. En aquellas congregaciones cuyos integrantes son en mayoría Gentiles, los integrantes Judíos continúan identificándose con su vida Judía. Sin embargo, el grado en el cual la mayoría Gentil que se incorpora con ellos de varía de congregación a congregación. Esto representa la mayoría de las congregaciones Mesiánicas en el total del movimiento Mesiánico fuera de Israel.

Te sorprenderías al aprender cuantos Judíos creyentes asisten a iglesias predominantemente Gentiles en lugar de asistir a congregaciones Mesiánicas. Las estimaciones se emplazan tanto como a 200,000 Judíos creyentes en la Iglesia de Norte América hoy.[4] Esta figura levanta una preocupación en medio de la comunidad Mesiánica así como en las iglesias que son sensibles al llamado para los Judíos creyentes. El problema no es ciertamente el que la Iglesia ha abrazado a la persona Judía que ha aceptado a Jesús como Señor y Salvador. ¡Esto es una cosa maravillosa! El punto de preocupación es que, muy a menudo, el "Cristianizar" de un nuevo Judío creyente grandemente diluye su llamado irrevocable de vida e identidad, la Biblia hace abundantemente claro el que la continuidad del pueblo Judío, su identidad y llamado como Su Pueblo Escogido es de suma importancia para Dios – así que esto sería para nosotros (Romanos 11:5, 28-29).

---

[4] Dan Juster, "Do we want the Jews to Disappear?" Israel's Restoration, Enero, (2006), p. 1.

68

> El punto de preocupación es que, muy a menudo, el "Cristianizar" de un nuevo Judío creyente grandemente diluye su llamado irrevocable de vida e identidad.

Deberá ser notorio también que actualmente hay algunos Judíos creyentes en Iglesias que están felices en vivir en la cultura Gentil Cristiana y que no están interesados en vivir una vida Judía más intencional. Como nunca, como lo mencionamos arriba, la forma más espiritualmente sensible para responder a los Judíos creyentes en las iglesias es con apoyo y ánimo para ayudarles a mantener su llamado como el pueblo de Israel. Cuán maravilloso es escuchar los testimonios de los pastores que han venido al lado de los Judíos creyentes en sus iglesias con esta visión de ánimo para la vida Judía y su llamado. Algunas iglesias han desarrollado grupos de convivencia para sus miembros Judíos para que así sus hijos puedan ser ayudados en mantener una vida Judía, involucrarse con la comunidad Judía, celebrar las fiestas y mucho más.

El siguiente pasaje es citado frecuentemente pata refutar la Teología del Remplazo. ¿Qué parece decir en referencia a este tema?

Romanos 11:28-29　　Así que en cuanto al evangelio, son enemigos por causa de vosotros; pero en cuanto a la elección, son amados por causa de los padres. Porque irrevocables son los dones y el llamamiento de Dios.

_____

_____

_____

_____

_____

A través de las Escrituras, Dios promete restaurar a Israel, no remplazarla, es imperativo que entendamos esto. Sólo entonces, nosotros comenzaremos plenamente a apreciar la gracia de Dios que Él hará llover sobre Su pueblo. Concerniente a Israel, Sus promesas y Su reputación están en juego.

Debemos también entender que para Dios, la unidades más que sólo una idea bonita. Claramente, Él tiene algo mayor en mente. Muchas cosas maravillosas sucederán, y todas ellas llevan a la misma meta final (ver pregunta 1 abajo). Nuestro problema es que tendemos a perder el bosque por ver los árboles. Buscamos respuestas complicadas cuando ellas son muy simples.

1. Ser uno no es el fin. Esto significa llegar al final. De acuerdo a este verso, ¿Cuál es la meta de Dios al unir a Judíos y Gentiles?

Juan 17:21

para que todos sean uno; como tú, oh Padre, en mí, y yo en ti, que también ellos sean uno en nosotros; para que el mundo crea que tú me enviaste.

_____
_____
_____
_____
_____
_____

2. Una vez que el versículo anterior haya sido cumplido, ¿Cuál es el deseo de Dios para la humanidad?

Juan 20:31

Pero éstas se han escrito para que creáis que Jesús es el Cristo, el Hijo de Dios, y para que creyendo, tengáis vida en su nombre.

_____

_____

_____

_____

_____

Juan 3:16

Porque de tal manera amó Dios al mundo, que ha dado a su Hijo unigénito, para que todo aquel que en él cree, tenga vida eterna.

_____

_____

_____

_____

_____

- **La historia ha probado que la reconciliación libera el poder de Dios. ¿Has experimentado esto en tu propia vida?¿Qué podría suceder cuando el poder de Dios es liberado por esa reconciliación por Judío/Gentil en el Mesías Jesús (Yeshua)?**

_____

_____

_____

_____

_____

- **La Teología del Remplazo se sostiene como posiblemente la más grande barrera para la** reconciliación. Si, como erróneamente clama, que las promesas de Dios pueden ser removidas por desobediencia, ¿Qué evita que Dios remueva Sus promesas de la Iglesia?

_____

_____

_____

_____

_____

• Jesús (Yeshua) dio palabras solemnes y finales de instrucción a sus seguidores: "Toda potestad me ha sido dada en el cielo y en la tierra. Por tanto id y haced discípulos de todas las naciones…"(Mateo 28:18-19). A la luz de esas palabras del Mesías, discute qué tiene que ver el deseo de Dios para la unidad con el ser un buen discípulo.

_____

_____

_____

_____

_____

_____

_____

_____

_____

Un giro a la Teología del Remplazo

Tristemente, un nuevo lanzamiento con ciertas raíces históricas ha surgido de en medio de las congregaciones

Mesiánicas. Las raíces de este nuevo giro pueden ser rastreadas atrás hasta el libro de los Hechos, Capítulo 15 donde vemos a ciertos Judíos creyentes, maestros de Judea, diciéndole a los Gentiles recientemente salvos que se deberían convertir al Judaísmo para ser salvos y aceptados. En otras palabras, esos maestros Judíos insistieron en que los Gentiles básicamente deberían abandonar sus identidades culturales como Gentiles y vivir como Judíos, incluyendo la circuncisión y el guardar la Ley de Moisés. Como sabemos, esto no venía de la mente de Dios, sino de las falsas enseñanzas de la mente del hombre. Damos gracias a Dios que Sus caminos son más altos que nuestros caminos. El Concilio de Jerusalém, guiado por el Espíritu Santo a través de Jacobo, tomó la decisión de no perturbar a los Gentiles que se han vuelto hacia Dios al requerirles que lleven una carga que Dios nunca intentó que cargaran (Hechos 15:19, 28). Jesús (Yeshua) ya había establecido el camino para la unidad entre Judío y Gentil por Su sangre (Efesios 2:13). Los Gentiles, por lo tanto, no tienen que vivir como Judíos.

El resucitar estas enseñanzas hoy en día ha sido llamado La "Dual" Teología del Remplazo. Esta enseña que muchas de las tradiciones básicas de la Iglesia Protestante son paganas y, por lo tanto, ilegitimas. Aquellos que conservan esas posiciones teológicas erróneas señalan a los servicios de adoración del domingo y la celebración de la navidad y pascua (Easter) como ejemplos para elaborar su caso. Mientras es verdad que todos los nombres de los días de la semana tienen origen pagano, así como la palabra "Easter," ellos de alguna forma concluyen que la mayor parte de todo está asociado con esas observancias Cristianas son paganas y deberían eliminarse. Sus adeptos también creen que la fe Judío Mesiánica y su práctica incumben tanto a Judíos como a Gentiles creyentes. Ellos también mantiene eso debido a que los Gentiles han sido injertados en el Olivo Natural de Israel, tanto Judíos como Gentiles ahora son llamados a guardar la misma Ley (excepto por la circuncisión). Por eso, a los Gentiles en el Mesías se les requiere que observen los servicios de Sabado, guarden las Fiestas, leyes alimenticias, y otras observancias poco comunes en la práctica Cristiana. Esas posiciones tienden a mermar y menoscabar el significado de la Iglesia basado en su paquete de doctrinas, que, debería ser notorio, no tienen soporte en medio de los eruditos reconocidos.

La existencia de ambas "ramas" de la Teología del Remplazo muestran cuán divisiva es y cuanto pueden esparcir la desunión en muchas direcciones si no son confrontados con la gracia y la verdad. El plan de Dios para la unidad se posa adecuadamente sobre la vida, muerte expiatoria, resurrección y la pronta venida del Hijo de Dios, El Mesías Jesús (Yeshua). Es aquí donde nos encontramos nunca comprometiendo la verdad y dispuestos a llegar a ser uno- Judío y Gentil juntos, uno en el Mesías Jesús (Yeshua).

- **¿Qué introspecciones has obtenido referente al deseo de Dios por la unidad?**

_____

_____

_____

_____

_____

_____

- **¿En qué formas te sientes cambiado en tu caminar espiritual?**

_____

_____

_____

_____

_____

_____

Preguntas que esta lección levantó en mí

1. _____

_____

_____

2. _____

_____

_____

3. _____

_____

_____

Lección Seis
Alcanzando la Meta

… Yo pues, preso en el Señor, os ruego que andéis como es digno de la vocación con que fuisteis llamados… solícitos en guardar la unidad del Espíritu en el vínculo de la paz;..… (Efesios 4:1,3).

Muchos años han pasado desde los días de educación media superior de mi hijo e hija en Hilton Head Christian believers shouldn't believers be capitalized as part of the title of the school? Academy, pero sigo recordando la emoción de los juegos de básquet bol y los campeonatos de soccer (Ed ahí). Frecuentemente, cuando jugábamos contra otro equipo en nuestra liga de Escuelas Cristianas, iba a casa después del juego con el sentimiento de vacío y decepción, aun cuando ganábamos. Yo deseaba que cuando el juego terminara, la unidad de estar en la misma familia espiritual de alguna forma se levantara arriba de la puntuación, produciendo un vínculo entre los jugadores (y entrenadores) que forzara al "mundo" a hacerlo notorio. Esto nunca sucedió. No es sorprendente. Si esto difícilmente sucede entre iglesias, ¿Por qué debíamos esperar que sucediera entre escuelas?

¿Por qué la unidad es tan rara? Nuestro mundo fracturado y dividido está esperando por alguien que tome la iniciativa. Alguien debe seguir el ejemplo de Jesús de amor y reconciliación. Alguien debe mostrar liderazgo. Ya se nos han dado órdenes de marcha como creyentes para ser embajadores del Mesías y para caminar en una forma digna del llamado al cual hemos sido llamados. ¿Por qué no he sido yo el que lideré el camino para la unidad hacia los padres, jugadores y entrenadores en la liga escolar Cristiana?

Necesitamos voluntad y decisión para romper a través de los patrones y formas preconcebidas de ser desde nuestro pasado que no se alinean con nuestro llamado. Amados hermanos y hermanas, ahora es el tiempo para nosotros ser hacedores de la Palabra de Dios y no meramente oidores, engañándonos a nosotros mismos, y nunca alcanzando la meta de llegar a ser uno. Debemos orar: "Dios, permite que comience conmigo." Somos el cuerpo del Mesías, tanto Judíos como Gentiles.

Si vamos a ser "aquellos" que tengan el balón rodando, nuestras vidas como hijos de Dios deben demostrar que de hecho hemos sido trasferidos del reino de las tinieblas al reino de la luz. ¿Cómo podemos esperar una unidad a gran escala si como individuos no hemos venido a ser verdaderamente uno con Jesús (Yeshua)? Jesús (Yeshua) vino a ser uno con nosotros y Su oración por nosotros es que lleguemos a ser uno entre nosotros (Juan 17:23). ¿Estás experimentando unidad a través de la convivencia íntima con Dios en forma regular? Si no, te urgimos a hacer los cambios necesarios. Acércate a Él y Él se acercará a ti. "Deléitate en el Señor, y Él te concederá los deseos de tu corazón" (Salmos 37:4).

En esta lección, vemos lo que somos, donde queremos estar, y lo que se va a tomar para llegar a ese lugar. Vamos a empezar y a terminar esta lección buscando a Yeshua, el autor y el consumidor de nuestra fe.

Directivas de Dios para la Unidad

Jesús (Yeshua) nunca fue conocido como estar "políticamente correcto" o por diluir Su mensaje para incrementar el tamaño de Su audiencia. Él verdaderamente fue el modelo de hablar la verdad en amor. Él también dijo claramente cómo debería verse nuestra respuesta a Su amor.

> El que tiene mis mandamientos, y los guarda, ése es el que me ama; y el que me ama, será amado por mi Padre, y yo le amaré, y me manifestaré a él….El que no me ama, no guarda mis palabras; (the following words are not included in the English version :y la palabra que

habéis oído no es mía, sino del Padre que me envió.) (Juan 14:21, 24).

En Juan, Capítulo 13 Jesús (Yeshua) nos dijo que si nos amamos unos a otros, todos sabrían que somos Sus discípulos. Donde quiera que nosotros, como Su pueblo, seamos obedientes a Sus instrucciones para amarnos unos a otros, entonces Su oración sacerdotal hacia el Padre se cumple: "...que ellos puedan ser uno, así como Nosotros somos uno; Yo en ellos y Tú en mí, que ellos sean perfeccionados en unidad, para que el mundo pueda saber que Tu me enviaste, y que los amaste, así como Tu me amaste a Mi" (Juan 17:22-23).

Una vez que reconocemos la importancia de nuestro amor y obediencia en Jesús (Yeshua), podemos movernos a través de la siguiente secuencia en nuestra jornada hacia la unidad. Sabemos que los próximos tres niveles de unidad sólo serán alcanzados para la extensión que cada uno de nosotros continúe en el "crecimiento de la gracia y el conocimiento de nuestro Señor y Salvador Jesús el Cristo (Jesús (Yeshua Ha Mashiaj). A Él sea la gloria ahora y por la eternidad. Amén. (2 Pedro 3:18).

1. Primero comenzamos recibiendo y presionando hacia el amor de Dios y Su cuidado por nosotros. Su deseo es que produzcamos y llevemos mucho fruto a través de nuestro fuerte vínculo de unidad con el Padre, el Hijo y el Espíritu Santo.

2. El Amor de Dios y la unidad con nosotros continúa entonces desde nuestro círculo personal y privado para incluir las relaciones con nuestros hermanos ahí en nuestras congregaciones locales donde Él nos ha plantado.

3. Los fuertes vínculos de unidad dentro de nuestra iglesia local o congregación Mesiánica nos prepara para movernos más allá de nuestras cuatro paredes. Ahora estamos listos para perseguir la

unidad en el desarrollo de relaciones de largo término con otras iglesias y congregaciones Mesiánicas en nuestra región y aún más allá (especialmente con los creyentes Mesiánicos en la tierra de Israel- más acerca de esto en la Lección Siete).

Al ejecutar las ordenes de Dios de unidad, tendremos el éxito seguro de llegar a la meta de Llegando A Ser Uno.

Nuestro Modelo de Unidad

Logrando la unidad *dentro* de nuestras iglesias Gentiles y dentro de nuestras congregaciones Judío Mesiánicas es algunas veces difícil. Alcanzar la unidad *entre* nuestras comunidades espirituales no es la excepción. Como ya lo hemos señalado, muy frecuentemente, nos enfocamos en lo que nos divide en lugar de enfocarnos en lo que nos une. Afortunadamente, con Dios podemos alcanzar todas las cosas en Su fuerza, especialmente cuando la meta reposa en el centro de Su voluntad. Para ayudarnos en nuestra jornada, Dios nos ha dado actualmente un modelo Bíblico a seguir – un modelo en el cual la gente tal como nosotros amó al Señor, fue obediente a Su Palabra, y vivió la experiencia de un gran fruto.

En el libro de los Hechos encontramos el primer cuerpo de creyentes del Nuevo Pacto. Todos ellos eran Judíos. Algunos recientemente habían visto y escuchado a nuestro resucitado Señor. Juntos, ellos fueron obedeciendo las instrucciones de Jesús (Yeshua). Comenzando con Su dirección de esperar (una misión difícil para todos nosotros), Jesús (Yeshua) "les ordenó que no salieran de Jerusalém, sino que esperaran por la promesa del Padre" (Hechos 1:4). En obediencia, ellos esperaron en Jerusalém hasta que el Espíritu Santo vino como fue prometido. ¿Qué sucedía durante aquellos diez días mientras estaban esperando y cómo fue su vida espiritual después de esos diez días? La Escritura dice que los líderes, incluyendo a Pedro, Juan, Jacobo, Andrés y Felipe, "…en unidad, estuvieron continuamente en forma devota entregándose a la oración, juntamente con las mujeres… todos conservaban el mismo sentir de expectación…día a día continuaban unánimes" (Hechos 1:13-14; 2:43, 46). En esos breves versos visualizamos algunos punto de vista importantes en cómo esos hermanos y hermanas Judíos establecieron el fundamento en Jesús (Yeshua), aún a través de las difíciles luchas y persecución, para obtener la meta de unidad. La unidad que ellos experimentaron en Jesús (Yeshua) como individuos y como Su Cuerpo se esparciría pronto más allá de su propia comunidad para incluir a los Gentiles (Hechos 11:34-39). Ellos vivieron para ver la gloria de Jesús (Yeshua) y las maravillosas promesas cumplidas: "para que el mundo sepa que tu me has enviado y que los amas así como me amas a mí" (Juan 17:21).

1. Esto comenzó con un involucramiento directo de parte de los **líderes.**
2. **Todos** los creyentes, no solo una selección de pocos, estaban **unánimes** juntos.
3. Ellos fueron **obedientes** al Señor en lo que Él les instruía.
4. Ellos fueron devotos a la **oración**, orando, y orando más - escuchando, hablando y escuchando de Dios.
5. Ellos ejercitaron la **fe** en el poder del Mesías Jesús (Yeshua) resucitado.

¡Nosotros viviremos también para ver la gloria de Jesús (Yeshua) y sus promesas cumpliéndose mientras seguimos esta estrategia modelo Bíblicamente basada para la unidad! La unidad comienza con nuestra relación personal con el Señor. Esto entonces se extiende hacia nuestras propias iglesias y congregaciones Mesiánicas, finalmente nos une-Judío y Gentil-como uno en Jesús (Yeshua). Este patrón Bíblico es, de hecho, seguido hoy en día entre algunas iglesias y congregaciones Mesiánicas. ¡Esto está sucediendo! **Líderes** (pastores y rabinos Mesiánicos) de una región, en **fe**, se están uniendo en **oración** para hacer de la unidad una prioridad, con **todos** los creyentes siguiendo **unánimes** con **oración** para amar, servir y **obedecer** a Jesús

(Yeshua). (El caso se estudia en la Lección Siete que provee ejemplos específicos.) ¿Qué viene después? ¡Sujeten su sombrero! La gloria de Dios y magnificas bendiciones comienzan a fluir:

> !!Mirad cuán bueno y cuán delicioso es Habitar los hermanos juntos en armonía! Es como el buen óleo

> sobre la cabeza, El cual desciende sobre la barba, La barba de Aarón, Y baja hasta el borde de sus vestiduras; Como el rocío de Hermón, Que desciende sobre los montes de Sion; Porque allí envía Jehová bendición, Y vida eterna. !! (Salmos 133).

This paragraph was indented in the English version¡Aleluya, aún hasta vida eterna! De hecho, el Padre ha escogido usar volvernos uno como un poderoso testimonio para el perdido. Nuestro amor y unidad romperá las barreras de incredulidad y desconfianza, de enojo, y cinismo. Dios está bien complacido y se mueve en nuestro medio con una liberación especial de Su poder. El avivamiento está cerca al alcance de la mano.

Listo o No, Aquí Viene el Nuevo Hombre

Regresando al segundo capítulo del libro de los Hechos, vemos que los líderes y todos los creyentes se re-casan fielmente en unidad, obediencia y oración. En ese asombroso día cuando el Espíritu Santo vino, 3,000 hombres Judíos de Judea y Jerusalém recibieron a Jesús (Yeshua) como su Mesías a través del mensaje de Pedro. Emergió un Cuerpo del Mesías fuerte, saludable, vibrante, y poderoso:

> Todos los que habían creído estaban juntos, y tenían en común todas las cosas; y vendían sus propiedades y sus bienes, y lo repartían a todos según la necesidad de cada uno. Y perseverando unánimes cada día en el templo, y partiendo el pan en las casas, comían juntos con alegría y sencillez de corazón, alabando a Dios, y teniendo favor con todo el pueblo. Y el Señor añadía cada día a la iglesia los que habían de ser salvos. (Hechos 2:44-47).

A pesar de su inicio fenomenal, esta joven congregación pronto enfrentó una posible división cuando un inesperado número de Gentiles respondieron a su predicación. ¿Qué los mantuvo unidos? La misma cosa que los hizo fuertes y saludables en el primer lugar: unidad (su relación con Dios y unos con otros), obediencia (siguiendo el camino del amor como en Mateo 22:37-39) y la oración (por la gente como en 1Timoteo 2:1-6).

El creciente número de creyentes Gentiles fue problemático desde que la ley Farisaica prohíbe a un Judío entrar a la casa de un Gentil para comer o sólo visitar. Sólo después de recibir una poderosa visión y una cita divina con Cornelio fue cuando Pedro comenzó a considerar seriamente la posibilidad de que el muro divisorio entre Judíos y Gentiles (Efesios2:14) estaba por ser destruido por medio de la sangre del Cordero de Dios, Jesús (Yeshua) Ha Mashiaj-Jesús el Cristo. Aun así Pedro finalmente ve esto y comienza a comprender que Dios estaba haciendo una remarcable cosa nueva a través de Jesús (Yeshua), muchos otros Judíos creyentes lo encontraron muy difícil el entender y aceptar.

Tu pensarías que el ingreso de los Gentiles que vinieron a creer en Jesús (Yeshua) tendrían que ser maravillosas noticias. Sin embargo, el tema de los Gentiles presentes delante de Dios seguía siendo un reto. Algunos de los Judíos creyentes que pertenecieron a la facción de los Fariseos se levantaron y dijeron, "es necesario circuncidarlos e instruirlos a observar la Ley de Moisés" (Hechos 15:5). En la mente de esos Judíos creyentes, la única forma apropiada para que un Gentil viniera a una correcta relación con el Dios de Abraham, Isaac, Jacob y el Mesías Jesús (Yeshua) era por medio de la conversión al Judaísmo.

Podrías estarte preguntando ¿Por qué los Judíos creyentes sentirían tan fuerte el que los Gentiles creyentes se convirtieran al Judaísmo? Una razón mayor tenía que ver con las leyes dietéticas que Dios instruyó a Israel a seguir (Levítico Capítulo 11). Las leyes alimentarias, como eran interpretadas por los Fariseos, virtualmente prohibían cualquier relación significativa entre Judíos y Gentiles. Basados en la interpretación de las leyes dietéticas, el pueblo Judío tenía prohibido hasta de entrar en la casa de un Gentil para comer o visitarlo. Sólo después de recibir una poderosa visión que hizo que Pedro se diera cuenta que Dios había limpiado lo que había sido considerado impío. La controversia esencial pudo fácilmente desarrollarse a una disputa de mayores proporciones en que la decisión que los creadores de tales leyes, no siguieron la guianza del Espíritu Santo. Pedro se levantó diciendo, "Ahora, por lo tanto, ¿Por qué tientan a Dios poniendo sobre el cuello de los discípulos (Gentiles) un yugo que ni aún sus padres han sido capaces de llevar?" (Hechos 15:10) ("Gentiles" ha sido añadido para aclaración.) El fundamento de la unidad no se derrumbó bajo el filtro de esta controversia en este primer cuerpo de Judíos creyentes. El muro divisorio fue removido para siempre. Judío y Gentil han sido hechos uno en el Mesías. ¡Aleluya! Preparados o no, el milagro del Nuevo Hombre había nacido para la gloria de Dios, por medio de la sangre de Jesús (Yeshua) en el Calvario.

Nuestro Reto y Misión

Estamos parados en una encrucijada crítica. Delante de nosotros un camino nos lleva a la sanidad de heridas pasadas y a la reconciliación entre Judíos y Gentiles creyentes. El otro camino busca el estatus quo, con una agenda de evitar y de excusas para no perseguir el sentir del corazón de Dios para la unidad. ¿Estás listo para seguir el camino que ha sido menos recorrido? Colgando en la balanza se encuentra un avivamiento como nunca ha sido visto en el mundo.

¿Cómo podemos estar tan seguros de que existen tiempos momentáneos espiritualmente guardados para cuando alcancemos la meta? En una reciente conferencia de Camino a Jerusalém, el Dr. Raleigh Washington habló apasionadamente acerca del poder de la unidad. El Dr. Washington hizo referencia a la torre de Babel. El pueblo estaba fuertemente unido, pero no para propósitos piadosos. Por eso, Dios destruyó su trabajo y dispersó al pueblo. Sin embargo, acerca de ese poder, el Señor dijo:

"Y dijo El Señor: He aquí el pueblo **es uno**, y todos éstos tienen un solo lenguaje; y han comenzado la obra, y **nada les hará desistir**

ahora de lo que han pensado hacer."
(Génesis 11:6, énfasis añadido).

El Dr. Washington prosiguió en acentuar el punto de que Dios respalda fuertemente a Su pueblo cuando su propósito esta de acuerdo a Su voluntad. Consecuentemente, el poder espiritual que será manifestado cuando llegamos a ser un pueblo para Sus propósitos será por mucho más grande que cualquier cosa de que hayamos sido testigos.

Como ya hemos establecido, el éxito de nuestra misión depende del todo de nuestras oraciones. Debemos orar por la reconciliación sobre un nivel mundial. Debemos orar por la sanidad de las heridas y por el perdón cuando hemos albergado actitudes divisorias. Las siguientes sugerencias de oración son el resultado de una perspectiva honesta sobre "ambos lados." Permitamos que el Espíritu Santo resalte aquellos temas que se aplican a tu persona.

> El éxito de nuestra misión depende del todo de nuestras oraciones.

Que los Judíos creyentes en oración:
- Busquen arrepentimiento de sus actitudes pecaminosas de falta de perdón, orgullo, arrogancia, y corazón endurecido hacia la Iglesia Gentil.
- Derrote una equivocada orientación hacia la preservación de la identidad Judía y ciudadanía, muchas veces manifiesta en patrones de inseguridad y aislamiento de la parte Gentil del Cuerpo del Mesías.
- Experimente un nivel jamás incrementado hasta ese momento de vida Piadosa y confianza hacia la parte Gentil del Cuerpo del Mesías.

Que los Gentiles creyentes en oración:

- Experimenten empatía por los Judíos sufrientes así como un arrepentimiento por las acciones antisemitas presentes y pasadas.
- Reconozcan que Dios no ha terminado con Israel y Su pacto con el pueblo Judío.
- Abracen un amor inspirado por el Espíritu Santo en deuda hacia el pueblo Judío, especialmente hacia las ovejas perdidas de la casa de Israel (Romanos 11:28).
- Llegue a apreciar y apoyar el retorno de la identificable expresión Judía (las "ramas naturales" de Romanos 11:18-21) en retorno al Cuerpo del Mesías.

Los Gentiles se beneficiarían grandemente de un entendimiento de la importancia de Israel para Dios. De todas las naciones de la tierra, Dios la escogió como la única a través de la cual Él se daría a conocer. Él hace referencia de ella como la "Niña de Su ojo." El templo donde Dios escogió para ser adorado fue en uno de sus montes. El Salvador del mundo vivió, murió y resucitó en su suelo. Los planes de Dios para el retorno del Mesías Jesús (Yeshua) y el futuro del mundo se centran en ella, y ella es el centro de atención de la batalla espiritual para el control del universo (Zacarías, Capítulo 4). Si Israel es tan importante para Dios, seguramente ella deberá ser importante para nosotros. Si nosotros no entendemos los planes de Dios para Israel, nunca entenderemos nuestro rol en la tan largamente esperada unificación de Judíos y Gentiles creyentes.

- **La historia universal ha probado que la reconciliación libera el poder de Dios. ¿Has experimentado esto en tu propia vida? ¿Cuáles fueron los puntos de interés? ¿Cuáles fueron los más grandes obstáculos? ¿Qué trajo acerca del rompimiento en avance? ¿Qué pasó después de que la reconciliación tomó lugar?**

Puntos de interés:

_____

_____

_____

_____

Obstáculos:

_____

_____

_____

_____

Rompimientos de avance:

_____

_____

_____

_____

Después de la reconciliación:

_____

_____

_____

_____

- **¿Qué paralelismos ves con tu propia experiencia personal en referencia a la reconciliación Judío/Gentil?**

_____

_____

_____

_____

86

- **¿Qué podría suceder cuando el Espíritu Santo se libere por la reconciliación de Judíos/Gentiles?**

¿Cómo es el "Nuevo hombre"?

La descripción de Pablo en el segundo capítulo de Efesios crea la imagen de un proyecto de reconstrucción en el cual los Judíos y Gentiles creyentes son el material de construcción. Todo el edificio es ensamblado junto en un santo templo en el Señor. Una habitación espiritual de Dios (Efesios 2:21-22). La imagen que Dios está plasmando aquí es verdaderamente maravillosa. Cuando los Judíos y Gentiles creyentes sanen sus divisiones y se permitan ser vertidos en el nuevo molde de Dios, el resultado solamente puede ser la exaltación y la gloria de Dios que ha sido prometida cuando las partes de este santo templo sea completado. Este sitio de habitación de Dios en el Espíritu tendrá como su material de construcción al "Nuevo Hombre." Mientras esa plenitud no ha sido alcanzada, deberá tener lugar la unión de ambos grupos (Efesios 2:11-16). El "Nuevo Hombre" ya ha nacido. Mientras que individualmente sus miembros permanezcan Judío o Gentil, espiritualmente, los dos llegan a ser uno.

> Mientras que individualmente sus miembros permanezcan Judío o Gentil, espiritualmente, los dos llegan a ser uno.

Como una entidad espiritual, este "Nuevo Hombre" representa la culminación de la era de Dios de su antigua labor de reconciliación. Esto incorpora una vida que es indestructible e incorruptible, incapaz de fallar. Todas las maravillosas cualidades del "Nuevo Hombre" serán establecidas sobre ambos Judío y Gentil mientras son tejidos en la perfecta unidad y centrados en aquel cuya imagen se debe portar, aquel del que se hace semblanza. ¿Cómo es este "Nuevo Hombre"? Es semejante al amor, humildad y perdón. Es semejante a Jesús (Yeshua).

Trágicamente, la manifestación del "Nuevo Hombre" tuvo corta vida, y, por una muy larga temporada (cerca de 1800 años), Satanás tuvo su opción de crear una horrenda sisma entre el Judío y el Gentil. Muchos Judíos no salvos siguen relatando esos terribles actos del pasado que los mantienen lejos de recibir a su Mesías, Jesús (Yeshua).

> Después de una discusión previa, te estarías preguntando por qué seguimos utilizando los términos "Judío" y "Gentil," especialmente a la luz de la instrucción de Pablo de que en Cristo no hay Judío ni Griego (Gálatas 3:28). Mientras formulamos la pregunta, el mismo verso da la respuesta. También dice que tampoco hay hombre ni mujer una vez que uno llega a ser uno en Cristo. Claramente, la distinción hombre-mujer sigue existiendo. Esto es que no es nuestra identidad primaria. De la misma forma, la distinción Judío-Gentil sigue existiendo en el Nuevo Hombre de Efesios 2:15. Sin embargo, Yeshúa ha venido a ser nuestra identidad primaria y en Él, la unidad de los Judíos y Gentiles creyentes será una parte importante de nuestro llamado y realidad como cuerpo del Mesías.

Hoy en día, sin embargo, es un tiempo de emoción y entusiasmo y de una oportunidad sin precedentes. Con la ayuda de Dios, estamos cambiando las cosas, y tratando conforme a Su voluntad; Satanás no tendrá éxito tratando de coartar nuestro esfuerzo de alcanzar la meta de llegar a ser uno.

En la próxima lección final, leerás algunos casos de estudios donde los creyentes son seguidores de las pisadas de los primeros creyentes y comenzaron a ver los primeros frutos (primicias) de su obediencia. Ofreceremos algunos pensamientos finales, juntamente con un número de ideas de "cómo" que creemos que te ayudarán a alcanzar la meta de llegar a ser uno.

- *Describe las bendiciones que vienen a la mente cuando contemplas al "Nuevo Hombre" viniendo a ser una realidad en nuestro medio.*

_____

_____

_____

_____

_____

_____

Preguntas que esta lección levantó en mí

1. _____

_____

_____

2. _____

_____

_____

3. _____

_____

_____

Lección Siete

Desatando el Poder y la Gloria de Dios a través de la Unidad

> Para ver tu poder y tu gloria, Así como te he mirado en el santuario. (Salmos 63:2).

El Señor ama demostrar Su poder y fuerza así como la gloria debida a Su nombre. A través de la historia, Él ha hecho esto al crear el universo y todo lo que hay en él existe… de la nada. Él ha desafiado a la naturaleza, realizando lo imposible, derrotando a Sus enemigos, y sigue y sigue la lista. Leemos acerca de los poderosos hechos de Dios con un sentido de admiración. ¿Será que nunca veremos tales demostraciones en nuestra vida? Nuestras vidas algunas veces parecen tan mundanas y hasta sin sentido. Ocasionalmente, experimentamos la sacudida del Espíritu Santo trabajando a través de nosotros para realizar obras poderosas, pero esos tiempos especiales en nuestras vidas representan la excepción más que la regla.

> La Salvación, sin embargo, no es el fin. Él quiere que aquellos en su familia lleguen a ser uno.

Como es un caso frecuente, necesitamos re-enfocarnos. Muy a menudo el problema es que:

- Dios está hablando, pero nosotros no estamos escuchando.
- Él está guiando, pero nosotros no estamos siguiendo.
- Él está demostrando Su poder y gloria cada día, pero nosotros estamos mirando para otro lado.

La más grande demostración de Su poder y gloria es Su obra de redención – el poder para cambiar el corazón humano y hacernos dignos del cielo. Los ángeles se maravillan ante la misericordia de Dios hacia nosotros y Su cuidado por nosotros. Cada nuevo creyente trae gloria a Dios y regocijo en el cielo. Cada nuevo creyente demuestra el poder de Dios sobre Satanás y proclama la soberanía de Dios. La salvación, sin embargo, no es el fin. Él quiere que aquellos en su familia lleguen a ser uno.

Esta lección mira cómo la gloria y poder de Dios comienzan a ser demostrados como congregaciones Mesiánicas, iglesias y creyentes individuales al alcanzar en obediencia el llamado de Dios a la unidad. Creemos que pronto escucharemos muchos testimonios de fidelidad, reconciliación, y avivamiento mientras el "Nuevo Hombre" crece hacia la madurez.

Nuestro sitio www.becoming1.org provee oportunidades para continuar los diálogos y testimonios mientras ofrecemos recursos adicionales para ayudar a guiarte a mayores niveles de unidad.

Caso de Estudio #1 (como fue dicho por Jack Jacobs)
Beth Am Messiah, New City, New York
Jack Jacobs, Líder Congregacional

Lentos Inicios

Durante una reunión de oración tarde por la noche en nuestro santuario en Shavuot (Pentecostés) en 1996, dos de nosotros sentimos una fuerte guianza del Ruaj HaKodesh (Espíritu Santo) que fuéramos y estableciéramos relaciones fuertes y de largo término con las iglesias de nuestra área. Justamente, esta clara directriz de Dios para nuestra congregación fue escuchada por uno de nuestros miembros Gentiles, Ed Fackina, y por mi, un Judío creyente. En la historia del Movimiento Judaísmo Mesiánico moderno, los esfuerzos para construir relaciones duraderas y cerradamente entretejidas con el cuerpo de las iglesias locales han sido más bien esporádicos. En nuestro caso, la relación que teníamos con las iglesias locales eran limitadas a un evento anual o semestral. Generalmente invitábamos a las iglesias locales a nuestro servicio anual de Pascua (Seder) en la primavera y a nuestra fiesta de Tabernáculos (Sukkot) en el otoño.

Debido a varias circunstancias, procedemos gradualmente con las indicaciones que creemos que Dios nos ha dado para perseguir activamente las relaciones de largo término con las iglesias cercanas. Una situación en nuestra congregación que especialmente hizo más lento el proceso de las cosas para la extensión por la que moví toda la idea al "quemador de atrás" donde podría "cocinarse" por un tiempo. La visión, sin embargo, nunca se alejaría realmente. Dios ha plantado esto tan profundamente en mi corazón, que actué acorde a esto tan pronto como nuestra congregación estaba dispuesta a responder. He aprendido de la manera difícil cuán vital es escuchar claramente de Dios. Podemos tener una mente establecida en los que pensamos que es algo importante, pero sólo cuando el Señor lo pone y lo confirma en nuestro corazón, hacemos bien al poner mucha atención.

Un Corazón por la Unidad

Aún cuando nos referimos a temas del corazón en la Lección Tres, ahora estoy hablando como un líder espiritual a otros líderes en el Cuerpo de Cristo. El tiempo es siempre un recurso precioso en todas nuestras variadas responsabilidades como líderes espirituales. No parece haber suficiente tiempo en un día para hacer lo que es necesario que se haga. Todo líder que conozco experimenta el sentir de no tener suficientes horas en un día. Todos estamos tan ocupados con las necesidades y planes de nuestras congregaciones. Obviamente, el edificar relaciones fuera de nuestras cuatro paredes requiere de tiempo y energía que se podría sentir que no hay. Desde que la unidad es tan importante para Dios (Juan 17:22), como líderes, necesitamos hacer de esto una gran prioridad en el área del ministerio que Él ha confiado a nuestro cargo. Cuando comencé a buscar a Dios para el tiempo y energía para esta tarea, la visión para llegar a ser uno con nuestros hermanos y hermanas en las iglesias fue traída a la vida. Yo estaba dispuesto a permanecer motivado, a pesar de las dificultades y obstáculos que se levantaron, una vez que mi corazón estaba apropiadamente alineado a la visión de llegar a ser uno. Yo se que el Espíritu Santo me ayudó a guiar a nuestra gente para entender el corazón de Jesús (Yeshua) y la visión para esta tarea que Él nos pidió que persiguiéramos. Puedo honestamente decir que el fruto de unidad que está produciendo, ha sido el más satisfactorio y glorioso del que he sido testigo en veinticinco años de ministerio Mesiánico. Yo animo a todos los líderes espirituales (Pastores, Rabinos Mesiánicos y ancianos) en el Cuerpo del Mesías a tomar la iniciativa y alcanzar a las congregaciones en su área y desarrollar relaciones. Es un esfuerzo que vale la pena. "Venga Tu reino, sea hecha Tu voluntad" es lo que me cautiva, y mi confianza, te capturará para que juntos podamos cumplir el deseo de Jesús (Yeshua) para observar la unidad.

Dónde Empezar

En Beth Am Messiah, le damos a este ministerio un nombre Hebreo, "Gesher" (significa Puente). Así que, el ministerio Gesher nació para intencionalmente perseguir el corazón de Dios por la unidad y para el "Nuevo Hombre." Nuestro plan fue muy básico y directo. El Espíritu Santo ya nos ha dado el esencial "cómo" para Gesher durante nuestra reunión de oración en 1996. Nos embarcamos humildemente sobre la senda de perseguir la unidad a través de relaciones de largo término y maduras con las iglesias en nuestra área.

He escuchado los sentimientos de algunos líderes a través de los años en el movimiento Mesiánico, cuestionándose si deberíamos perseguir la relación con las iglesias o no, y también si, para diferentes propósitos. En nuestro caso, escuchamos del Espíritu de Dios el ir y alcanzar a nuestras iglesias locales con un deseo de relaciones duraderas. Mientras consideramos las Escrituras, supimos que el Dios de Abraham, Isaac y Jacob prometió usar al pueblo Judío para bendecir a las naciones.

Considera esos dos versos que hablan del diseño de Dios para que el pueblo Judío inicie el proceso:

(Dios hablando a Abraham) "…y en tu simiente serán benditas todas las naciones de la tierra, porque has obedecido mi voz." (Génesis 22:18)

"Porque la Ley saldrá de Sión, y la palabra del Señor de Jerusalém".(Isaías 2:3)

Ahora vemos en los siguientes pasajes cuán abierto está el pueblo Gentil para recibir el favor de Dios que Él eligió iniciar a través del pueblo Judío:

"Y vendrán muchos pueblos, y dirán: 'Venid, y subamos al monte del Señor, a la casa del Dios de Jacob; y nos enseñará sus caminos, y caminaremos por sus sendas. …'". (Isaías 2:3)

"…'Y vendrán muchos pueblos y fuertes naciones a buscar a Jehová de los ejércitos en Jerusalén, y a implorar el favor de Jehová.' "Así ha dicho Jehová de los ejércitos: 'En aquellos días acontecerá que diez hombres de las naciones de toda lengua tomarán del manto a un Judío, diciendo: "Iremos con vosotros, porque hemos oído que Dios está con vosotros…" ' ". (Zacarías 8:22-23)

Cuán maravilloso es que en medio del plan redentor para la humanidad (pasada, presente y futura), Judío y Gentil han sido "programados" por nuestro creador para caminar juntos como uno. "¡Oh, las profundidades de las riquezas y sabiduría y conocimiento de Dios!" (Romanos 11:33). Dios está aplicando el deseo de Su corazón para el Nuevo Hombre en ambos pueblos (Judíos y Gentiles creyentes). Que nosotros, como hermanos y hermanas, se procuran los unos a los otros con mucho gozo y una bendecida expectativa.

No es sorprendente, hemos encontrado a Dios siendo tan fiel en nuestra experiencia alcanzando las iglesias en nuestro ministerio Gesher. Casi todos nuestros esfuerzos por perseguir las relaciones con las iglesias en nuestra área han sido recibidas con gran favor.

> Dios está aplicando el deseo de Su corazón para el Nuevo Hombre en ambos pueblos (Judíos y Gentiles creyentes).

Comenzando

Nuestro ministerio Gesher comenzó conmigo asistiendo a una reunión local de oración de pastores, consistiendo de cinco a diez pastores. En mi compromiso al asistir fielmente a esas reuniones de oración cada semana, las relaciones comenzaron a tomar forma. Por cerca de un año, yo también asistí a servicios locales los domingos por las mañanas. Algunas veces variando la locación, y algunas veces asistiendo a la misma iglesia por varias semanas. Yo dejaba que el pastor supiera que yo asistía con la intención de simplemente ser bendecido al adorar al Señor juntamente con ellos. Yo usualmente me sentaba en la parte de atrás, pero algunas ocasiones se me pedía por parte del pastor que tomara una parte más activa en el servicio. No asistí a la iglesia con la intención de tener un reflector sobre mí. Yo solo quería comenzar a integrar relaciones más significativas con una particular familia de Dios.

En tiempos, las visitas crecieron para incluir más iglesias locales en nuestro vecindario, siendo que las congregaciones Mesiánicas generalmente efectúan sus servicios en viernes por la noche o sábados por la mañana y las iglesias usualmente tiene servicios dominicales, el visitar y establecer relaciones en los servicios de unos y otros funciona realmente bien.

Las relaciones comenzaron a desarrollarse como un resultado de las reuniones de oración semanales y mientras yo asistía a los servicios dominicales. En ocasiones, yo invité a un pastor a comer y compartí la visión que Dios puso en mi corazón. Yo compartí mi deseo de moverme hacia la edificación intencional de relaciones entre nuestras congregaciones. Para la mayor parte, los pastores fueron muy abiertos en moverse hacia adelante con la visión para la unidad. El primer plan que presenté a los pastores fue que yo (o alguien más de nuestra congregación) fuera a la congregación para un tiempo de enseñanza mensual. Nosotros sugerimos una variedad de temas incluyendo las fiestas, las raíces Judías de la Iglesia, una breve historia del pueblo Judío, y como ser un testigo efectivo en comunicar el amor de Jesús (Yeshua) al pueblo Judío.

Una formación de doce meses fue nuestro plan inicial. Sin embargo, encontramos que un número de iglesias preferían otras formas para que nosotros procediéramos en la edificación de relaciones. Pronto nos dimos cuenta de la importancia de ser flexible y sensible con cada paso con la iglesia y las ideas de cómo proceder mejor. Unas cuantas iglesias quisieron que nos involucráramos en su escuela dominical para los adultos, y en algunos casos, enseñamos hasta por seis u ocho domingos consecutivos. Una iglesia cercana invitó a uno de nuestros miembros, Terri Allyne (un Judío creyente), a asistir y dar su testimonio en el desayuno de damas. El tiempo fue tan bendecido con preguntas y temas de conversación que el desayuno claramente se fue hasta el lunch. Otra iglesia invitó a Faye Pressman, un energético señor mayor y miembro fundador de nuestra congregación, a hablar a una gran reunión de adultos mayores. Ella también fue invitada a hablar en una reunión de lunch.

Llevando Fruto Eterno

Pablo, el apóstol a los Gentiles, siendo guiado por el Espíritu Santo, lanzó sobre los Gentiles creyentes un importante llamado sacerdotal hacia el pueblo Judío (Romanos 11:11-14, 26, 28). Pablo comisionó a la Iglesia a caminar juntamente con el pueblo judío con actos de amabilidad y amor de tal manera que ellos llegasen a sentir envidia y celo por la salvación que es nuestra en el Mesías Jesús (Yeshua). Después de que Pablo terminó explicando y exhortando a esos Gentiles creyentes a su llamado, el exclama su misma admiración del plan de Dios para ellos en Romanos 11:33: "!!Oh profundidad de las riquezas de la sabiduría y de la ciencia de Dios!! !Cuán insondables son sus juicios, e inescrutables sus caminos!" ¡Guau! Pablo continúa para exhortar a los Gentiles creyentes que está bien que sean movidos a dar a los hermanos en Israel que experimentan penurias. "Pues les pareció bueno, y son deudores a ellos; porque si los gentiles han sido hechos participantes de sus bienes espirituales, deben también ellos ministrarles de los materiales." (Romanos 15:27)

Yo creo en que Pablo fue proclamando un mandato de Dios a todos los Gentiles creyentes, que es para hoy, y es absolutamente esencial para ver el cumplimiento de la promesa expiatoria de Dios: todo Israel será salvo (Romanos 11:26). ¿Cuántas iglesias hoy en día piensas que han tomado diligentemente esta palabra de Dios, habladas a través del apóstol Pablo? En fe, yo creo que el Espíritu Santo se está moviendo poderosamente sobre la Iglesia para que reciba este llamado y hay maravillosas señales que nos llevan a creer que se está esparciendo rápidamente. Frecuentemente nosotros animamos y apoyamos a nuestros hermanos y hermanas Gentiles para que energéticamente caminen en su llamado para amar al pueblo Judío que Dios puso en sus caminos-orando y testificando, junto con actos de bondad llevándolos a Jesús (Yeshua).

Como un resultado de nuestro ministerio Gesher, varios miembros de nuestras iglesias vecinas han traído amigos Judíos no salvos a nuestros servicios. ¡Algunos han recibido a Jesús (Yeshua)! Estamos cosechando los primeros frutos de llegar a ser uno: nueva vida – salvación –¡para las ovejas perdidas de la casa de Israel! ¡Aleluya! A través de la unidad de Judío y Gentil, el nuevo hombre, presenta la fiel respuesta a la oración de Jesús (Yeshua) hacia el Padre en Juan 17:23 "para que el mundo conozca que tú me enviaste". Como el cuerpo del Mesías se levanta en el llamado para la unidad, entonces la oración de Jesús (Yeshua) para la unidad en Juan 17 es contestada. El mundo lo ve, un gran avivamiento se inicia, y muchos conocerán que Dios ha enviado a Su Hijo, Jesús (Yeshua), "para que todo aquel que en él crea nos se pierda, mas tenga vida eterna" (Juan 3:16).

Todo es acerca de una invitación diseñada especialmente para los perdidos, que se encuentra escrita en el Cuerpo del Mesías a través del poder de la unidad que el pueblo aceptará. Todo se trata de invitar más gente, Judío y Gentil, al "banquete" antes de que las puertas se cierren para siempre. Aun que Dios no se refiera a la persona, el Judío permanece todavía al tope de la lista de invitados de Dios (Romanos 1:16).

Servicios de Adoración Articulación

Me acerqué a uno de los pastores y le pregunté si consideraría probable el realizar un servicio de adoración juntamente en un viernes por la tarde. Los equipos de alabanza de ambas congregaciones se reunieron para el anterior jueves por la noche en preparación para la reunión del servicio del viernes. El Señor bendijo grandemente este servicio, fue una verdaderamente sobresaliente experiencia espiritual de nuestro año.

Sobre varios de los años pasados hemos organizado la Fiesta de Tabernáculos (Sukkot). Un año que nunca olvidaré, construimos un tabernáculo justo en el estrado de una iglesia grande de nuestra área. Entre ocho y diez pastores locales asistieron al servicio. Cinco pastores participaron, cada uno dio una parte del mensaje sobre el significado de la Fiesta de Tabernáculos. El servicio culminó en una ceremonia de lavado de pies que yo tenía la intención de que fuera para los pastores. Fui impactado y conmovido hasta las lágrimas cuando los pastores querían únicamente lavar mis pies, motivados por un deseo del corazón para simbólicamente hacer un llamado a las ramas Judías del cuerpo del Mesías para su regreso a su correspondiente lugar de honor. Nosotros experimentamos una prueba de la Gloria de Dios. Muchos que asistieron al servicio sintieron que Dios estaba haciendo algo maravilloso y poderoso en nuestro medio.

Unidad en el Centro Comercial

El día después del servicio de la fiesta de Tabernáculos, en nuestra reunión semanal de oración de pastores, todos acordamos hacer lo que estuviera de nuestra parte para mantener el momento espiritual. Buscamos al Señor en oración sobre este tema. Oramos por las siguientes dos semanas y esperamos para escuchar del Señor. Uno de los pastores sugirió que nuestro próximo "evento de unidad" se efectuara fuera de los muros de nuestros edificios y que deberíamos ir dentro de la comunidad. Después de someterlo a oración, decidimos ver si era posible efectuarlo en un centro comercial. Me acerqué al gerente del centro comercial con la idea de efectuar una celebración de Jánuka y Navidad que sería patrocinada por nuestra congregación y las iglesias locales. Después de completar la forma de solicitud y las formas de seguro, el gerente del centro comercial aprobó el evento.

En diciembre 22 del 2005, realizamos nuestro primer mayor evento de unidad en el piso principal, en el estrado central en el centro comercial. El lugar estaba lleno a reventar de compradores, tan sólo tres días antes de Navidad y Jánuka. Doce iglesias incluyendo nuestra congregación Mesiánica participamos en un servicio de cuatro horas. Catorce pastores fueron reunidos para participar en el servicio que anunció las Buenas Nuevas de Jesús (Yeshua) a todo aquel que tenía oídos para oír. Tuvimos dos tipos separados de mesas de literatura con Biblias, Nuevo Testamento Hebreo/Judío, así como panfletos. Tenemos una población Jasídica muy grande que vive en nuestra parte de Nueva York. Muchos vinieron a ver que sucedía. La gente estaba recargada en los barandales y pasamanos, observando desde los tres pisos sobre nosotros. A través de la celebración, los intercesores estaban orando. Fuimos muy privilegiados en exaltar y honrar a Jesús (Yeshua) en unidad como el Nuevo Hombre.

Tan sólo cuatro meses después, contactamos otro centro comercial para ver si era posible efectuar la celebración de Pesaj/Pascua. Una vez más, recibimos una respuesta favorable. Cerca del mismo número de iglesias participaron. En esta celebración, una pareja de personas Judías se manifestaron claramente molestas ante la proclamación que se presentó de Jesús (Yeshua), pero la interrupción no deterioró nuestra proclamación del Evangelio. El Centro Comercial continúa permaneciendo favorable a nuestros futuros eventos.

Un espíritu de unidad y disposición existe entre los pastores que continúan haciendo cualquier cosa que el Señor tiene para nosotros. Estamos planeando para que nuestros Jóvenes lleguen a estar más y más involucrados con el ministerio Gesher.

Recientemente, Nate Binger, uno de nuestros jóvenes, tomó la iniciativa de contactar a los líderes de jóvenes de varias iglesias locales para organizar un Coffee House mensual, Kol Ejad (Una Voz), efectuada en nuestra sinagoga. Esos líderes de jóvenes se reunieron viendo la necesidad de unirse y edificar el pueblo joven creyente de nuestro país. En Kol Ejad, los jóvenes Judíos y Gentiles creyentes también tienen un confortable lugar donde los jóvenes que necesitan al Señor pueden ser traídos. Ciertamente, la importancia de nuestro modelar y alcanzar la siguiente generación con el sentir de Dios por la unidad no puede ser menospreciada.

Alcanzar la unidad toma de perseverancia para lograr esas relaciones. Llegando a ser uno con nuestros hermanos y hermanas en las iglesias locales inició con nuestra voluntad, sin contar todas las competentes responsabilidades ministeriales, para hacer de la unidad la alta prioridad que sabemos que es, porque Jesús (Yeshua) oró al Padre por que esto sucediera (Juan 17:22). Hemos tenido que trabajar continuamente a través de las dificultades, incluyendo contratiempos, nuestros programas y agendas para establecer y mantener relaciones entre nuestras congregaciones y las iglesias. Puedo decir sin duda alguna que nuestros esfuerzos de llegar a ser uno han valido la pena.

Esto es en lo que estamos ahora mismo, pero es sólo el principio de lo que creemos que Dios hará mientras nos mantengamos enfocados en nuestra prioridad por la unidad con las iglesias de nuestra área. Permanecemos confiados sabiendo que los planes y propósitos de Dios se cumplen, se producirá abundante fruto para Su Reino. De hecho, la jornada y ruta de nuestra congregación para llegar a ser uno ha sido instrumental en el "nacimiento" de este estudio.

Caso de estudio #2 (en palabras de Jerry Miller)
Beth Judah Messianic Congregation, Ormond Beach, Florida
Jerry Miller, Líder Congregacional

Así como los ataques se intensificaron en Israel alrededor del 2001, la Federación Judía Local realizó una manifestación. Pocos miembros de nuestra congregación y yo asistimos, sentados tranquilamente en la parte de atrás de alrededor de 200 asistentes. Aquellos que estaban presentes decidieron iniciar un fondo de alivio para ayudar a las víctimas del creciente ataque. La gente estaba de pie y estaba públicamente haciendo compromisos económicos, incluyendo a los representantes de algunas iglesias locales. Ellos prometieron significativas cantidades de dinero. Al hacer esto, ellos estaban haciendo justamente lo que los Gentiles creyentes se supone que hagan – provocar a la gente de la sinagoga a celos.

Me sentí compelido a levantar una ofrenda de un grupo, pensando que podríamos ser capaces de presentar alrededor de $1,000 dólares. Lo enviaría más adelante con una carta. El monto actual fue cerca de $4,500. Alguien sugirió que lo entregara en persona, así que lo hice. Esa fue mi primera interacción con el Director Ejecutivo de la Federación Judía.

Cuando me presenté y les expliqué de dónde venía, ella me miró con escepticismo y confusión. Cuando ella vio el tamaño del cheque, su menosprecio cambió a un tono de gratitud y agradecimiento extremo. Una relación se había iniciado. Ella puso en claro que no podría invitar a nuestra congregación a las diferentes actividades en que la Federación estaba involucrada debido a los niveles de agresión que se elevarían, pero ella expresó su agradecimiento.

Efectuando un nuevo acercamiento, le escribí una carta estableciendo que nuestra congregación quisiera estar involucrada con cualquier actividad que involucre a Israel. Vendríamos con una agenda abierta y sin agenda oculta, y no haríamos intentos de proselitismo. Ella apreció el que la relación "oficialmente" empezara. Recibimos varias invitaciones para los eventos de la Federación Judía.

El Primer Ayuno de Ester

A principios del 2002, dos intercesores de dos diferentes iglesias de las congregaciones cercanas, incluyendo la nuestra, fuimos invitados a participar en lo que se llamaba "el Ayuno de Ester" por Israel. Mi relación con ellos comenzó después de que salimos de Beth Messiah en Maryland y nos mudamos a Florida en julio del 2000. Una de mis primeras órdenes de trabajo fue ver si había un grupo de pastores orando juntos.

Suficientemente seguro, había un grupo que se reunía mensualmente. Yo quise unirme a ellos como un amigo pastor local sin agenda especial. Solo quería la conexión con ellos. No me di cuenta que sus previas relaciones con las comunidades Mesiánicas no habían sido buenas los Judíos creyentes les habían dicho que ellos necesitaban adorar en sábado y observar las fiestas. Su acercamiento creó un obstáculo que sigue vigente.

Pasando el tiempo, llegué a estar más enterado de que mientras más les trataba cortésmente, permanecía en el aire un remanente escepticismo. Yo sabía que tenía que aprender de los errores previos y tratar de deshacer el daño. Pasando el tiempo, algunos de ellos me invitaron a hablar a su gente acerca de Israel y de lo que Dios estaba haciendo a través de nuestra congregación. Esto pavimentó el camino para que fuéramos invitados a participar en el "Ayuno de Ester."

Ellos enviaron cartas preguntando quién estaría interesado. Yo no sé que tipo de respuesta esperaban, pero cuando se efectuó la junta informativa, entre siete y ocho personas se presentaron. Entre ellos estaban dos organizadores, yo, unos pocos pastores locales, u un bien conocido evangelista internacional. Se nos informó que nos involucraríamos en tres días de ayuno y oración. Nos reuniríamos a las 6:00 a.m. en la iglesia que ya venía realizando las sesiones de oración por las mañanas. En las tardes, nos reuniríamos en diferentes congregaciones. Ofrecí voluntariamente nuestro servicio del sábado por la mañana para ser ampliamente dedicado a orar por Israel.

Mientras avanzábamos, alguien sugirió que lo extendiéramos otro día (domingo), que nos reuniéramos en una locación neutral como una escuela, e invitar a una comunidad Judía. Entonces, podríamos reunirnos. Pensé que esa era una buena idea, pero en realidad, los Judíos simplemente no asistirían a ninguna actividad que fuera remotamente Cristiana, aún si se relacionara con Israel.

Sin querer arrojar una cobija mojada sobre el creciente entusiasmo, me guardé mis pensamientos.

Mientras se desarrollaba, algunos de los pastores en la reunión habían aportado contribuciones significativas al "Fondo de Alivio" de la Federación Judía. Debido a esto, la directora de la Federación votó para hacer lo que fuera posible para ganar el apoyo de la población Judía local. Ella manifestó su preocupación de que la presencia de nuestra congregación podría deteriorar la venida de la gente. Yo me ofrecí para evitar que apareciera nuestro nombre en cualquier publicidad, para personalmente asumir un rol secundario, y hacer lo posible para evitar ponerla en cualquier posición difícil.

Nuestra disposición para permanecer en la retaguardia ha fortalecido nuestro testimonio a través de los años. Pudimos asegurar un recientemente completado auditorio en una de las escuelas, pero ni ella ni nosotros podíamos saber si alguien se presentaría. Yo me basé en alrededor de mil personas, pero nosotros realmente no sabíamos qué esperar. Temíamos que nuestra pequeña multitud fuera tragada en un gran espacio.

Las noticias llegaron y finalmente, el tiempo vino. El Señor bendijo a aquellos que vinieron juntos en una forma poderosa. Yo pienso que Él estaba deseoso de bendecir no solo debido a que estábamos buscando la unidad, sino porque buscamos bendecir a Israel y su pueblo.

En Sábado por la mañana, nuestra congregación se maravilló que alrededor de diez pastores asistieron. Esto llegó a ser un servicio de bendición mutua. Entonces el domingo llegó. Teníamos en agenda a Morton Kline, el líder de la Organización Sionista de América, como orador. Debido a una muy inusual situación en el aeropuerto, no pudo salir de Atlanta para volar a Daytona Beach. Necesitábamos encontrar un substituto. Uno de los rabinos locales, quien estaba dispuesto a participar, aceptó pasar al frente.

Para el asombro de todos, el auditorio estaba lleno en domingo por la tarde. Cerca de 400 miembros de la audiencia eran de la comunidad Judía. Comenzamos con alabanza Mesiánica, pero ninguna mencionando abiertamente a Jesús (Yeshua). La idea era que no se suponía que los Cristianos que hablaran de Jesús. Todos parecían ser conmovidos y tocados por el servicio.

Entonces el rabino subió al micrófono. En medio de su mensaje, anunció que su lectura de las Escrituras sería de Isaías 53. Yo pensaba *esto no puede estar sucediendo.* Se supone que nosotros estaríamos quietos acerca de Jesús (Yeshua) y él abre diciendo, "Ahora, los Cristianos creen que este capítulo trata acerca de Jesús, y el pueblo Judío cree que está hablando acerca de Israel." No me relacioné con nada que él dijo antes o después. Él continuó compartiendo un gran mensaje sobre Israel y sobre Judíos y Cristianos amándose unos a otros. Esto era de verdad una muy buena palabra.

Cuando él terminó, el presentador, un Cristiano que había organizado el evento, pidió a todos los Cristianos que pasaran al frente. Ellos llenaron el frente del auditorio y el frente de las islas. Entonces él pidió a uno de los rabinos que pasaran al estrado. Junto con una pareja de otros pastores, él les pidió a los Cristianos que voltearan hacia la audiencia Judía. Hablando por todos los Cristianos, él dijo, "queremos venir delante de ustedes para arrepentirnos delas atrocidades que han sido efectuadas hacia el pueblo Judío en el nombre de Jesús o en el nombre de la Cristiandad, y por las formas en que han ustedes sido perseguidos y maltratados." Podías sentir el Espíritu de Dios en el lugar. A través del auditorio, gente Judía comenzó a llorar. Nunca nos imaginamos que nuestro "mensaje" sería tan bien recibido. Ellos otorgaron el perdón que se solicitó. No supimos que seguiría, pero la "reunión" ha sido un gran éxito.

Durante algunos meses siguientes continuamos interactuando con la comunidad Judía en general. El rabino que habló en la sesión del domingo por la tarde es un hombre bastante inusual. Él realmente tiene un corazón de constructor de puentes. Puso en claro que el buscaba mantener la relación con la comunidad Cristiana. Una noche nos reunimos. Él quería que yo supiera que él no me veía como enemigo. Él me vio como amigo, y él quería edificar sobre esa amistad.

Hagámoslo de nuevo

A principios del 2003, nos acercábamos al aniversario de nuestro primer "Ayuno de Ester." Nos preguntábamos si podríamos hacerlo otra vez. No queríamos solo hacerlo. Teníamos que escuchar de Dios. Mientras sucedía, algunos miembros de la comunidad Judía contactaron a los pastores que estuvieron involucrados el año anterior. Ellos no habían asistido al evento del año anterior, pero ellos habían escuchado acerca de este. Noticia del evento previo se esparció a través de la comunidad Judía. Aquellos que asistieron hablaron acerca de la clara presencia de Dios en los servicios. Ellos lo amaron y querían más de eso. Ellos pidieron otro evento este año. Tomamos como una señal el que al menos deberíamos explorar las posibilidades de hacerlo otra vez.

Mientras los planes continúan, expandimos el comité organizador para incluir miembros de la Federación Judía, el rabino conservador que habló, y un puñado de pastores, mi esposa, y yo. Nos reunimos un par de veces al mes para planear el evento. Durante esas reuniones, invertimos la primera media hora o algo así, sólo conviviendo y riendo juntos. Nuestro tiempo juntos fue maravilloso. En anticipación al evento de agosto, enviamos cartas a pastores explicándoles lo que había sucedido el año anterior y cuál era nuestra visión para este año. Les pedimos su participación.

En la siguiente reunión, veinte pastores se presentaron. Estábamos sobrecogidos. Ellos estuvieron ofreciendo cancelar el domingo por la tarde para que la gente pudiera asistir a la última tarde del evento. Inmediatamente sentimos que el auditorio no iba a ser suficientemente grande. Alguien sugirió que rentáramos un lugar llamado Ocean Center, con capacidad para diez mil personas sentadas. Fue hilarante el observar las reacciones. Los representantes de la Federación Judía, por ejemplo, no estaban acostumbrados a tal salto de fe sin una seguridad financiera de respaldo o dinero comprometido. Con el tiempo, ellos se sorprendieron al ver cómo Dios nos guiaba mientras dábamos otro paso de fe.

El Ocean Center estaba disponible, pero teníamos que proveer nuestro propio sistema de sonido. Un sistema de sonido adecuado cuesta alrededor de $15,000.00 dólares en renta. Rentar el espacio ya eran varios miles de dólares, y había toda suerte de otros gastos. Para el día del evento, no sólo había sido pagado todo compromiso, sino que la ofrenda levantada entre los 4,000 asistentes levantó $15,000.00 dólares para enviar al Fondo de Alivio de Israel. El espíritu del evento se levantó allí exactamente donde había terminado el año pasado. La comunidad Judía vio la obra de Dios en una manera que nunca antes vista.

Durante las reuniones de planeación, una de las damas en la comunidad Judía compartió que a su esposo le habían diagnosticado cáncer y que eso estaba afectando su participación. Cada vez que nos reuníamos, abríamos y cerrábamos con oración. La única cosa que faltaba era el cierre "en el Nombre de Jesús (Yeshua)." Simplemente decíamos "Amén." Algunas veces, alguien leía de las Escrituras. Acordamos orar por el esposo de la dama, no sólo por confort, sino por sanidad.

En la siguiente reunión dos semanas después, ella llegó con una mirada de asombro. Sin importar el estado avanzado de cáncer de su esposo, su último examen mostró estar libre de cáncer. Dios lo había sanado. Debido a que él era el marido de una prominente miembro de la comunidad Judía, la noticia de esta sanidad se esparció rápidamente. El hecho de que esta sanidad haya sido el resultado de oraciones de Cristianos no fue desconocido. Este interesante dato de información sirvió para avivar las flamas de anticipación para el siguiente evento del domingo.

El Ayuno de Ester Va a Israel

Los eventos de los siguientes años se vieron similares en número y resultados. Así de importante que fue el fortalecimiento de las relaciones que los grupos se reunieron regularmente para las sesiones de planeación. Entonces surgió la idea entre nosotros de llevar el evento a Israel. Sabíamos que nuestros números no serían tan altos como en el pasado, pero un viaje a Israel juntos sería algo único y hermoso. Los Judíos podrían visitar algunos de los sitios Cristianos y vice-versa. Tan sólo el estar juntos en tal tipo de tour sonaba como una gran idea.

El primer tipo de tour como este ocurrió en el 2005. Tuvimos alrededor de 20 de nuestra congregación, alrededor de cuarenta de las iglesias, y veinte o treinta de la comunidad Judía no salva. Tuvimos unos maravillosos tiempos juntos mientras viajábamos y adorábamos juntos. Donde quiera que íbamos, el guía remarcaba acerca de lo único que era nuestro grupo – Judíos y Gentiles juntos.

En Jerusalém, efectuamos una versión más pequeña de nuestro servicio de "Ayuno de Ester." Efectuamos uno cerca a una mezquita. Los musulmanes se asomaban por las ventanas mientras nos reuníamos y adorábamos juntos. Ellos estaban muy perplejos y muy curiosos.

Desde Entonces

Esta es una breve vista de lo que ha sucedido a través de los años. Quisiera poder decir que nuestra congregación ha sido plenamente aceptada en la comunidad Judía, pero ese no es el caso. Por otro lado, más y más puertas están abiertas, aquí y allá, somos aceptados y abrazados como amigos, si no como hermanos. Hemos sido invitados a eventos por el rabino conservador. La Federación nos invita a un evento alrededor del Día de Remembranza del Holocausto algunas veces durante el año. Sólo para que no tengas la idea equivocada, sólo alrededor de veinte o treinta personas de nuestra congregación participó regularmente. Teníamos trabajo que hacer en nuestra propia familia.

Nuestras relaciones con la comunidad Cristiana ha continuado creciendo. Estoy en el comité coordinador del grupo de oración de pastores. Una de nuestras decisiones fue hacer algo especial en las cuatro ocasiones de cada año en las que hay cinco domingos en el mes. Decidimos reunirnos para un servicio de adoración unificado – sin predicación – sólo celebrar lo que tenemos en común. Las locaciones rotarían, con la personalidad del servicio reflejando la congregación anfitriona. Hemos realizado estos servicios unificados durante el año pasado y mitad de ellos con una consistente representación de todas las congregaciones que integran el comité organizador.

Como es de esperarse, el proceso de "reunirnos" con la comunidad Judía y las iglesias locales ha tenido sus altibajos. Justo cuando parece como que nada sucede, Dios hace algo para mantenernos entusiasmados. Él tiene un plan y es emocionante observarlo desarrollarse. Y es aún más emocionante ser parte de este.

Formulando tu Plan

Las dos historias presentadas aquí resaltan el hecho de que cada área tiene su propia y única situación. Lo que funciona para una comunidad, puede no funcionar para otra. Lo que trabaja para tu comunidad dependerá de varios factores:

1. *Los tipos de congregaciones presentes.*
2. *Las actitudes prevalecientes en las congregaciones de Judíos y Gentiles*
3. *El nivel de compromiso de parte de aquellos que buscan la unidad.*
4. *El grado de qué "búsqueda de unidad" es dependiente el liderazgo en oración y en el Espíritu Santo.*
5. *La presencia de pasión en alcanzar la visión.*

Caso #3 (en palabras de Todd Westphal) Congregación El Shaddai, Frederick, Maryland Todd Westphal, Senior Pastor

Nuestra historia comenzó años antes de que yo llegase a ser Senior Pastor aquí en El Shaddai. Tiempo atrás, alrededor de 1993 comenzamos haciendo lo que llamamos la "Fiesta de los Tabernáculos de la Iglesia de la Ciudad." Tomó varias formas a través de los años, pero lo hemos estado haciendo desde su inicio. Después de establecer relaciones con los líderes de otras congregaciones, el Rabino Ted Simon las invitó a participar. Hemos efectuado esos eventos en escuelas, teatros, y donde hemos podido. Algunas veces debajo de una lona en nuestra propiedad.

Fiesta en el Parque

La ciudad está ahora familiarizada con lo que hacemos y nos han permitido llevarlos a cabo en los parques de la ciudad, así que este año será la "Fiesta en el Parque." Estaremos bajo la estructura de concha marina de la banda en el Parque Baker. Típicamente entre 700 y 1100 personas hacen presencia en nuestros eventos, dependiendo del tiempo y la programación de la publicidad de la que seamos capaces de generar. Alrededor de 25 a 50 pastores se involucran cada año, representando muchas de las congregaciones locales.

La ceremonia misma comienza con una procesión de banderas y estandartes, una danza Judía, y un tiempo de alabanza y adoración por parte de nuestro equipo de alabanza. Cuando todos están ya reunidos, tenemos un tiempo de enseñanza acerca del significado de "Tabernáculos" con un enfoque en alcanzar las naciones. Los pastores son entonces reconocidos como los líderes espirituales de la ciudad. Cada uno se presenta a sí mismo conforme van pasando al frente para la ceremonia del derramamiento del agua. Este es un tiempo de adoración mientras el agua es derramada en una vasija colectora. Tratamos de tener una jarra para cada pastor. Es una maravillosa muestra de unidad en medio del Cuerpo. Entonces procedemos al tiempo de oración. Oramos por Israel, la unidad, el avivamiento, y el Cuerpo del Mesías en nuestra ciudad.

En nuestra área, tenemos alrededor de 360 congregaciones. De estos cuerpos locales, de 50 a 60 pastores participan en nuestras Convivencias Ministeriales Semanales Evangélicas unidas. Donde quiera, de cinco a doce pastores se presentan cada miércoles. De ese grupo, surgió un grupo mensual de oración, nos hemos reunido de 30 a 60 pastores en esas reuniones de oración. Adicionalmente a esos eventos, también efectuamos servicios especiales de días libres con las otras cuatro congregaciones que se reúnen en nuestro edificio. Algunos de los pastores de jóvenes han tomado el balón y han efectuado eventos unidos. Nosotros también hemos tenido desarrollo de ministerios unidos, como ministerio de casa hogar para niños y nuestros equipos de misiones. Otras cuatro congregaciones se han reunido a nuestro grupo que recientemente salieron al Salvador. Ha sido maravilloso el ver nuestro llamado unido dentro de nuestra ciudad en lugar de permanecer divididos en congregaciones separadas. Hemos respondido a invitaciones para enseñar en alguna escuela dominical local incluyendo una Iglesia China, donde enseñaremos acerca del Yom Kipur. Hacemos mucho de esto. Ha sido muy efectivo.

Ha sido emocionante ver el fruto de nuestra labor, especialmente en la gente de nuestra comunidad, mientras las diferentes congregaciones se reúnen. Nada, sin embargo, se compara con el sentimiento de unidad y unicidad entre los congregantes mientras todos los pastores se unen en un servicio de "Tabernáculos." Un gozo abrumador cubre a cada uno mientras ven a sus pastores unificados para alcanzar la ciudad para Jesús (Yeshua).

Posiblemente el fruto más maravilloso que nunca había visto ocurre dentro de "las naciones" cuando una persona Judía viene a la fe. Cuando estaba en Escocia, aquellos que descubrieron que yo era un pastor Judío Mesiánico se asombraron cuando les dijé que yo no era Judío. Ellos estaban listos para regocijarse por otra persona Judía que había venido a la fe en Jesús (Yeshua). La salvación de los Hijos de Israel tiene un asombroso poder atrayente en toda nación del mundo. No deberíamos sorprendernos ante esto. Israel fue creada para ser la luz para las naciones. He encontrado muy interesante que cuando las naciones cumplen su llamado para provocar a Israel a celos, Dios usa a aquellos mismos Judíos redimidos para alcanzar las naciones. Parece ser la antítesis de dónde se encuentra el movimiento Judío Mesiánico hoy – introvertido y enfocado en sí mismo. Este enfoque interior nos mantiene ajenos a hacer lo que hemos sido llamados a hacer. Cuando considero que hubiera sucedido, me recuerdo a Romanos 11 donde Pablo dice, "porque si su exclusión ha sido la reconciliación del mundo, ¿Qué será su aceptación sino vida de entre los muertos?" El plausible efecto sucede y todo el mundo es bendecido por esto y es traído al reino de Jesús (Yeshua).

Cuando escuché el testimonio de Jerry Miller (ver caso de estudio #2), fui impactado por el hecho de que él obedeció a Dios y comenzó a sembrar la semilla, y la comunidad Judía actualmente

110

lo sigue. Tengo que creer que todo eso que ha sucedido allá a dado a luz un amor genuino y ha saturado el área con oración intercesora.

Lidiando con la Oposición

Nos hemos enfrentado a una creciente comunidad Islámica aquí en Frederick. Sus líderes han solicitado debates públicos con los líderes de nuestras comunidades Judías. Sin contar sus reclamos de permanecer en paz, las comunidades Judías, como un todo, no confían en ellos. La mayoría de los Judíos no tienen el deseo de darles un foro público o de discutir nada con ellos. Yo compartí recientemente con mi congregación que la razón primaria por la que Dios odia el pecado es debido a que Él ama a la gente. Él no quiere ver a la gente destruida. Siendo que el pecado destruye a la gente, Él lo odia. Debemos orar en contra del engaño del Islam, mientras oramos por la gente y compartimos las Buenas Nuevas de Jesús (Yeshua) HaMashíaj para que la verdad de las Escrituras cobren vida en sus corazones.

El Fruto de Involucrarse en la Comunidad

Varios de nuestros miembros Judíos montan motocicletas. Yo tengo una Harley. Yo iba manejando con un hermano Judío. Él, su esposa, que es Católica, y sus hijos asisten a El Shaddai. Él está por hacer su compromiso de fe en Jesús (Yeshua), pero el viene debido a su carga por sus hijos para que sepan las raíces de la fe y apacigüe a su mujer que quiere que él conozca a Jesús (Yeshua). Mientras nos orillábamos para tomar un helado, tuvimos una muy relajada conversación. Él admitió que tiene que tomar una decisión. Su hijo lo ha estado provocando a restaurar su relación con Dios. Él dice que tuvo una relación con Él. Él ha salido de las adicciones a las drogas, alcohol, y diferentes cosas. Pero cuando viene a la congregación y escucha de Jesús (Yeshua), esto lo golpea culturalmente. Él no sabía qué hacer con eso. Yo le dije que Jesús (Yeshua) fue y es parte del Judaísmo. No lo puedes cortar de esto. Jesús (Yeshua) vino a ayudarlo con sus relaciones con Aba. Jesús (Yeshua) es el puente hacia Dios. Este es el cumplimiento del Judaísmo. Mientras continuábamos hablando, le aseguré que su esposa no lo estaba juzgando y tampoco estaba tratando de presionarlo. Ella simplemente tiene esperanza por él…que el pueda venir al salvador conocimiento de Jesús (Yeshua).

Mientras él todavía no hace una profesión de fe, yo creo que las oportunidades para este tipo de conversaciones son el resultado de estar involucrado en la comunidad entera. Su familia no se ha integrado oficialmente a ninguna congregación, pero ellos siguen asistiendo a la nuestra. Tiene que ser la presencia de Dios y Su amor lo que los sigue atrayendo.

Otra cosa unificadora que hacemos es levantar una ofrenda de amor en nuestras fiestas por Israel. En adición al material de alivio que este trae, es un maravilloso medio para reunir no sólo a Judíos creyentes y Gentiles, sino a los Judíos no salvos. Hemos estado conectados con "Revive Israel," que es dirigido por Asher Intrater, quien fundó nuestra congregación. La conexión con la comunidad de Judíos no salvos ha sido difícil, así que tomamos ventaja de cualquier oportunidad que se presente disponible. Muy seguido, el momento en el que el nombre de Jesús (Yeshua) es mencionado, los muros se vuelven a levantar y el diálogo se detiene. Debemos permanecer fieles en proclamarle a Él, aún cuando enfrentemos oposición y rechazo. Actualmente es más fácil para un Gentil. Los Judíos no creyentes esperan escuchar acerca de Jesús (Yeshua) de parte de ellos.

Finalmente, permíteme mencionar nuestro ministerio de alcance benevolente en nuestra ciudad. Esto siempre ha sido parte de la cultura Judía – dejando las esquinas y orillas del campo sin cosechar – ayudando al necesitado. Tenemos el ministerio Dorcas a través del cual distribuimos alimento y ropa. Ayudamos a la gente en su renta y con sus cuentas de gas. Cuando Katrina golpeó, fuimos el lugar donde la gente trajo sus donativos de ayuda. Llevamos tres grandes camiones de carga llenos de abastos de alivio para la costa del Golfo. Fuimos como grupo Mesiánico y un representativo de la ciudad de Frederick, fue una maravillosa oportunidad. Tuvimos varios Judíos no salvos miembros de nuestra comunidad escribiendo cheques para ayudar con esos esfuerzos.

Siendo que todo era canalizado a través de El Shaddai, creemos que de alguna manera, muros adicionales han sido derribados.

Caso de Estudio #4 (en las palabras de Judith Nusbaum)

Este caso de estudio es diferente a los otros tres. En lugar de enseñar los pasos que han sido tomados para promover la unidad, este muestra lo que puede suceder cuando los corazones han sido tocados por Dios. En este caso, un Gentil creyente fue movido a responder al llamado de Dios para amar sin egoísmos a su prójimo como a sí mismo, y fue llevado a ayudar a Judith una hija de Israel. Este es un hermoso ejemplo de demostración de misericordia por la misericordia recibida (Romanos 11:31). Judith Nusbaum, la escritora del siguiente artículo, es una residente de Rishon Letzion, una guía de turistas retirada, y ahora co-directiva de The Israel Office of the Unity Coalition for Israel. Adelante encontramos su historia como aparece en la edición reciente del The Jerusalem Connection (usado con permiso).[5]

Judith Nusbaum, la escritora del siguiente artículo, es una residente de Rishon Letzion, una guía de turistas retirada, y ahora co-directiva de The Israel Office of the Unity Coalition for Israel. Adelante encontramos su historia como aparece en la edición reciente del The Jerusalem Connection (usado con permiso).[5]

En el Tratado Sanhedrin de la Mishna está escrito:"Cualquiera que preserve una simple alma, la escritura lo adscribe como mérito para él como si hubiera preservado el mundo entero."

Éxodo 21:19 establece: "Tu seguramente serás sanado." En Levítico 19.16 leemos: "No

---

[5] Judith Nusbaum, "Salvar una vida, salvar el mundo," The Jerusalem Connection, Julio-Agosto.

permanecerás indiferente cuando la sangre de tu vecino es derramada."

El comentarista Bíblico Rashi explica que esto significa: No lo observes morir cuando lo puedes salvar.

El altruista, compasivo acto de un australiano, Martin Filla, le dio un significado personal a esas frases. El último diciembre, Martin me donó su riñón.

Hace seis años, cuando fui diagnosticada de una falla renal crónica, se me dijo que eventualmente, tendría que ser dializada. Hace dos años comencé a sentir debilidad, me puse severamente anémica, y desarrollé un nivel muy elevado de creatinina.

Un año más tarde, mi nefróloga, Profra. Debra Rubinger del Hospital Hadassah, sugirió que el Dr. David Shemesh del hospital Shaare Zedek construyera una fístula en mi brazo izquierdo en preparación para diálisis, que inicié el febrero pasado.

Encontré a la diálisis emocional y físicamente dolorosa. Mi vida se había vuelto muy limitada debido a que mis actividades se debían revolver alrededor de tres días a la semana. Yo estaba pegada a la máquina. Después de cada sesión estaba totalmente exhausta, y decidí obtener un trasplante.

Después de completar las pruebas requeridas por la Israeli Medical Association para calificar para la lista de the Israel National Kidney Transplantation List, conocí al Profr. Eytan Mor, director de la Unidad de Trasplantes de Órganos del Hospital Beilinson. Cuando Mor me informó que la espera para encontrar un riñón de cadáver compatible podría tomad varios años, decidí buscar en la Web un donador. Esto podría hacerse, pero requiere de mucho tiempo y determinación.

Doce personas respondieron a mi súplica en línea, incluyendo a Martin Filla. Martin, un miembro de una organización Cristiana Internacional que, entre otros proyectos, se dedica devotamente a "traer luz y felicidad al mundo a través de la donación de riñones a pacientes que requieren trasplantes, y para mejorar el mundo haciéndolo mejor lugar por medio de salvar vidas," salvó la mía.

El pasado noviembre, después de una larga comunicación por correspondencia y numerosas llamadas telefónicas, Martin y su amigo James, quien había donado un riñón a un hombre en Baltimore dos años atrás, arribaron a Israel. En diciembre 12 de 2005, el trasplante se efectuó en Beilinson Hospital

Martin fue mi milagro de Jánuka.

El fue dado de alta del hospital varios días después de la operación y regresó a casa listo para retomar sus actividades normales en su vida; yo fui dada de alta pocos días después. Estamos en constante comunicación

Le envío correos electrónicos después de cada chequeo médico para dejarle saber cómo está "nuestro" riñón. Él sabe que siempre le estaré agradecida, y que estaremos en nuestras vidas uno en la de otro para siempre.

Recientemente, varios de mis amigos decidieron honrar a Martin estableciendo un Jardín JNF en su nombre en Jerusalém. El fue grandemente conmovido por ese gesto y me dijo que espera visitar su jardín "un día pronto."

Una Denominación se mueve hacia la Unificación

En una edición reciente del boletín *Israel's Restoration*, una publicación de Tikkun International, el Dr. Daniel Juster describió algunas de las cosas maravillosas que han sucedido en la conferencia anual pastoral de liderazgo en King's College, preparada por Jack hayford (ver en la contraportada de este estudio

Jack Hayford (ver en la contraportada de este estudio las credenciales de esos dos grandes líderes). [6] [6?] Daniel Juster fue honrado como invitado, pero su sorpresa fue encontrar que el Dr. Jack Hayford había dedicado toda su conferencia al tema de Israel y la restauración de los Judíos Mesiánicos. En sus 35 años de ministerio Judío Mesiánico, Dan no las credenciales de esos dos grandes líderes). [7] Daniel Juster fue honrado como invitado, pero su sorpresa fue encontrar que el Dr. Jack Hayford había dedicado toda su conferencia al tema de Israel y la restauración de los Judíos Mesiánicos. En sus 35 años de ministerio Judío Mesiánico, Dan no pudo recordar a algún líder denominacional dando una completa conferencia de liderazgo sobre el tema de Israel y los Judíos Mesiánicos. El creyó que esta conferencia representaba un rompimiento de avance mayor en el ámbito espiritual, y que era el "primero de su clase." Él esperó que fuera seguido por "muchos otros de la misma clase."

Nosotros creemos que lo que sucedió en esa conferencia fue, de hecho, solo una probadita de las cosas por venir. En medio de las congregaciones tanto Judíos como Gentiles alrededor del mundo, está teniendo lugar un despertar. Con la fe del tamaño de una semilla de mostaza, creyentes están confiando en que Dios traiga a su familia reunida junta "en la plenitud de los tiempos." Desde pequeños inicios, grandes cosas han comenzado ya a suceder mientras los hijos de Dios actúen en el conocimiento que les ha sido dado.

Este caso de estudio y el testimonio de Dan Juster hacen un justo final a esta sección de estudio. Mientras tu no seas llamado a dirigir una denominación o a donar un órgano, puedes hacer algo que hará la diferencia para alguien. Hemos hecho referencia a Juan 17:21 (que el mundo sepa) frecuentemente en este estudio. Las demostraciones de unicidad y unidad son como las palabras de

---

[6]Dr. Daniel Juster, "A Historic Event" ISRAEL'S RESTORATION, Vol. 16 No. 1, January, 2007, pg. 1-2 there's a problem with the spacing of this reference. Also, in the English, it is #6enero (2007), p. 1-2.should enero (January) be capitalized in Spanish?

Dios. No regresan vacías. Ellas cumplirán la obra que Dios desea
(Isaías 55:11). Recuerda, nuestra meta es mostrar a Jesús (Yeshua)
a todo el mundo en general y a Israel en lo particular (Romanos
1.16).

• *¿Cuál de las ideas implementadas en los casos de
estudio piensas que podrían funcionar en tu
área?*

_____

_____

_____

_____

_____

_____

• *¿Qué ideas implementadas en estos casos de
estudio probablemente no funcionarían en tu
área? ¿Por qué?*

_____

_____

_____

_____

_____

_____

• *¿Qué nuevas ideas surgieron en tu propia
mente? ¿Qué obstáculos deberás vencer para
realizarlas?*

Ideas_____

_____

_____

_____

_____

_____

_____

Obstáculos_____

_____

_____

_____

_____

_____

* **¿Qué estás dispuesto a hacer para promover la unidad en tu área?**

_____

_____

_____

_____

_____

Esperamos que este estudio haya sido una rica y gratificante experiencia para ti. Sobre todo, esperamos que hayas captado la visión de Dios para la unidad, y que tú desees actuar a favor de lo que has aprendido. Los efectos de lo que es posible en nuestras vidas pueden afectar al mundo para cambios. La meta de este estudio ha sido preparada para la tarea que está por delante. Debemos ser diligentes y esperar grandes cosas. Así como Dios nos da más "luz" sólo cuando hemos respondido a la "luz" que ya hemos recibido, seguramente Él revelará mas de Su "Nuevo Hombre" mientras comenzamos a hacer nuestra parte.

Tenemos un enemigo muy astuto cuya agenda incluye varias maquinaciones para mantenernos divididos. Posiblemente sea una mentira de Satanás o podría ser sólo nuestra apatía lo que nos tiene a muchos convencidos de que ya estamos muy ocupados y sobre-comprometidos para perseguir la unidad. Confiamos en que tú entiendes ahora lo que está en juego. Sí, la unidad toma tiempo y energía. Debemos pedir al Señor que nos lleve más allá de nuestras diferencias – culturales, teológicas, o cualquier otra. Somos preciosos hermanos y hermanas con el mismo Padre. Simplemente no podemos permitir nada, especialmente nuestras propias preocupaciones, temores, actitudes, etc.. que eviten que sigamos al corazón de Jesús (Yeshua) para la unidad, mientras entusiastamente vivimos Su oración al Padre mientras llegamos a ser uno.

En la introducción de nuestro estudio, hicimos la pregunta, "Señor, ¿Qué puedo hacer por ti?" y "Señor, ¿Qué es lo que realmente bendice tu corazón?" Bueno, ahora lo sabemos. En oración, considera el rol que tu sientes que Dios te esta pidiendo que llenes. Habla con otros miembros de tu grupo acerca de sostener una sesión estratégica para poder planear los próximos pasos que tomarán. Cuéntale a otros acerca de este estudio. Esparce la palabra. Considera el dirigir otro grupo a través de este estudio. Dios seguramente bendecirá cualquier cosa que hagas para llegar a ser uno.

Por favor visita nuestro sitio becoming1.org Confiamos en que Dios bendecirá esta comunidad compartida en línea dedicada a todos los creyentes que han escuchado Su llamado para el Nuevo Hombre. Descubre lo que otros están haciendo, comparte tu propia historia y testimonios, participa en foros de preguntas y respuestas, conéctate con otros, y encuentra algunos recursos útiles. Nos gustaría mucho escuchar de ti y asistirte en llegar a ser uno.

Apéndice

Testificando al Pueblo Judío

Este estudio no podría estar completo sin ofrecer una ayuda específica para compartir las Buenas Nuevas del evangelio de Jesús (Yeshua) con el pueblo Judío. Al presentar este pequeño paquete de orientaciones, reconocemos la asistencia de Chosen People Ministries y hemos incluido muchas de sus sugerencias e introspectivas. [8] Los tres pasos aquí presentados representan las cosas más importantes y efectivas que puedes hacer a este respecto.

Paso Uno: Crear una Amistad

Nuestra meta es construir puentes, no muros. Trabajar en crear una amistad y confiar en la guianza del Espíritu Santo, su discernimiento y poder. Estar dispuesto a sacrificar tu tiempo y energía por él (o ella). Mostrarle que tu estás en esto en forma duradera y que te interesas no sólo por su alma. Una vez que la amistad ha sido establecida, estás en la posición de compartir tu testimonio – tu relación con el Mesías Jesús (Yeshua). Específicamente:

1. Muestra cuán real es Dios en tu vida y cómo todo en lo que crees es un cumplimiento de los que fue prometido por los profetas judíos de la Biblia.
2. Explica cómo tu fe (en Jesús (Yeshua)) está directamente relacionada con la fe de Abraham. (El libro de Hebreos hace esta conexión.)

---

[8] Chosen People Ministries, , *How to Introduce Your Jewish Friends to the Messiah (Charlotte, NC: Chosen People Ministries, 1991).*

3. Comparte que a través de los profetas Judíos aprendemos que todos somos cortados de Dios por el pecado y que podemos ser reconciliados sólo por una expiación de sangre (Levítico 17:11).

4. Estresa el punto de que escritores Judíos declararon la promesa de Dios (y su cumplimiento) del Mesías. Los primeros creyentes en Jesús (Yeshua) fueron todos Judíos. Ellos llevaron el mensaje a los Gentiles. Hoy en día, los Gentiles creyentes en Jesús (Yeshua) tienen una deuda de amor y están regresando el favor de traer al Pueblo Judío a su Mesías.

5. Afirma que la gente Judía que acepte a Jesús (Yeshua) como su Mesías no se "convierte" a otra religión. Ellos de hecho están regresando a la fe de Abraham, Isaac y Jacob cumplida.

Mientras tu cubres esos cinco puntos, no caigas presa de la errónea conceptualización Gentil común referente al pueblo Judío. primero que nada, sus perspectivas religiosas varían ampliamente – desde ultra Ortodoxo hasta secular y agnósticos (la mayoría de los Judíos americanos). No asumas que todos ellos sostienen perspectivas similares. La verdad es que pocas personas Judías conocen o han leído el Antiguo Testamento. Finalmente, este estudio debió destruir el mito de que la gente Judía no cree en Jesús.

Por otro lado, alístate a hacer frente algunos malentendidos comunes Judíos. Una creencia común Judía es que todos los Gentiles son Cristianos (incluyendo Hitler, el Papa, y la reina Elizabeth) y que todos ellos son antisemitas. Otras creencias comunes son que los Cristianos adoran tres dioses, y que ellos son pro-árabes. Debemos recordar que los Cristianos deben amar a Israel debido al amor de Dios, pero ellos deben estar preocupados por los complots de los árabes, que fallan al no reconocer la mano de Dios en el estado judío.

Mantente alerta de algunas fijaciones Judías comunes:

1. Clamar que la fe en Jesús (Yeshua) es el único camino para la salvación (Juan 14:6) es ofensivo. Sobre todo para los Jasídicos, Ortodoxos, y algunos Judíos conservadores creen en un camino hacia Dios – a través de Mitzvah (buenas obras), estudio de la Toráh (los primeros cinco libros de la Biblia), y el Talmud (comentario rabínico) – este camino es sólo disponible para los Judíos.

2. La mayoría de los Judíos son escépticos en referencia a los reclamos milagrosos Bíblicos (nacimiento virginal, resurrección, etc.), aun cuando la existencia del pueblo Judío es el resultado de un milagro en los cuerpos de Abraham y Sarah, (Abraham era de 100 años de edad cuando nació Isaac.)

3. El pueblo Judío ha sido enseñado que creer en Jesús es ser un traidor a su pueblo. Después de estudiar la Lección Cuatro, puedes entender por qué muchos tienen este sentir.

Debido a estas fijaciones, el ser sensitivo a la terminología que usamos incrementará nuestras oportunidades de ser escuchados.

- Di "creyente" en lugar de "Cristiano."
- Di "Mesías" en lugar de "Cristo."
- Di "completado" o "completo" en lugar de "convertido."
- Di "árbol" o "madero" o "estaca" en lugar de "cruz."
- Di "Antiguo y Nuevo Pacto" en lugar de "Antiguo y Nuevo Testamento." El Nuevo Testamento es considerado un libro no-Judío.
- Di "congregación" en lugar de "iglesia."
- Di "Judíos Mesiánicos" en lugar de "Judíos Cristianos."

Paso Dos: Revelando a Jesús (Yeshua) desde el Antiguo Testamento

Mostrar un entendimiento sobre las bases del Tanak (Escrituras del Antiguo Testamento) incrementará de gran manera tu efectividad en el compartir al pueblo Judío. Esas bases son el plan de Dios de redención para la humanidad, y las profecías concernientes al Mesías e Israel.

A. El plan de Dios para la Redención de la Humanidad

Cuán maravilloso, con el estudio y la práctica, ser capaces de compartir el evangelio entero con el pueblo Judío quedándose en las Escrituras del Antiguo Testamento. Esas son especialmente importantes al estar contenidas en las Escrituras del Antiguo Testamento, la amplia perspectiva sostenida de que tan sólo por ser Judío es suficiente para ir al cielo. Tu meta es insistir amorosamente que las Escrituras dicen: que el pecado nos ha separado a *todos* de Dios, y por eso, *todos* necesitamos un redentor. Aquí están los puntos importantes:

1. Dios ama al hombre y desea que todos los hombres experimenten una vida llena de Sus bendiciones,
   - Deuteronomio 6:3 – Dios prometió bendiciones a los Israelitas si le obedecen.
   - Salmo 16.11 – hay plenitud de gozo con el Señor, y Su camino es sendero de vida.
2. El hombre está separado de Dios por pecar: es un pecador por naturaleza y voluntad.
   - Job 15:14-16 – El hombre está totalmente inmundo a la vista de Dios.
   - Eclesiastés 7:20 – No hay hombre justo ni sin pecado.
   - Isaías 59:2 – Nuestro pecado nos ha separado de Dios.
3. El resultado del pecado y la separación de Dios es muerte espiritual.

- Jeremías 31:30 – Todo hombre muere por sus pecados.
- Ezequiel 18:4 – El alma culpable de pecado morirá.

4. El hombre es incapaz de encontrar la reconciliación con Dios a través de sus propios esfuerzos o buenas obras. La salvación el gratuita y es un don de Dios.
   - Job 14:4 – Nadie puede volver algo puro o impuro.
   - Salmo 49:7 – Ningún hombre puede redimir a otro hombre.
   - Jeremías 2:22 – Nada puede hacer el hombre para lavar su pecado.
   - Isaías 55:1-3 – Dios ofrece salvación sin costo.

5. Dios ha provisto un camino por el cual la reconciliación se puede cumplir. La Expiación está disponible a través del Mesías Jesús (Yeshua) como un regalo gratuito para todo hombre.
   - Levítico 17:11 – Sólo la sangre del sacrificio expía (cubre) de pecado.
   - Salmo 49:15 – Dios promete redimir el alma del poder de la muerte.
   - Isaías 43:11, 25 – Sólo el Señor puede proveer salvación y perdona pecados.
   - Isaías 53:3-12 – El Mesías Jesús (Yeshua) sufrió y murió llevando en él los pecados de la humanidad para que aquellos que creen en Él sean justificados (declarados justos).

6. La muerte expiatoria del Mesías Jesús (Yeshua) es apropiada para toda persona para nuestra salvación por fe en su eficacia (valor, importancia).
   - Génesis 15:6 – Abraham, el padre el pueblo Judío, fue considerado justo por su fe (no por sus buenas obras).
   - Nahúm 1:7 – El Señor conoce a aquellos que confían en Él y les provee seguridad.

- Habacuc 2:4 – El hombre justo vivirá por su fe.
7. Sólo por arrepentimiento de pecado (la renuncia y volverse, alejarse del pecado) y aceptando a Jesús (Yeshua) el Mesías como Salvador y Rey, a través de la oración y fe, podemos ser reconciliados con Dios nuestro Creador.
   - Salmo 32:1-5 – El perdón y la justificación son traídos por la confesión de pecado.
   - Proverbios 28:13 – Dios será misericordioso con aquellos que confiesan y abandonan sus pecados.

B. Diez Profecías Concernientes al Mesías Jesús (Yeshua) e Israel

1. SIMIENTE DE MUJER
Profecía del Antiguo Testamento (4004 A.C.)
Génesis 3.15. Y pondré enemistad entre ti y la mujer, y entre tu simiente y su simiente: Ella te herirá en la cabeza y tu le herirás en el calcañar.
Cumplimiento en el Nuevo Testamento (5 D.C)
Gálatas 4:4. Pero cuando vino el cumplimiento del tiempo, Dios envió a su Hijo, nacido de mujer y nacido bajo la ley.
1 Juan 3:8. Para esto apareció el Hijo de Dios, para deshacer las obras del diablo.

2. A TRAVÉS DE ABRAHAM
Profecía del Antiguo Testamento (1872 A.C.)
Génesis 22:18. En tu simiente serán benditas todas las naciones de la tierra, por cuanto obedeciste a mi voz.
Cumplimiento en el Nuevo Testamento (30 D.C)
Juan 11:51-52.. Esto no lo dijo por sí mismo, sino que como era el sumo sacerdote aquel año, profetizó que Jesús (Yeshua) había de morir por la nación; y

no solamente por la nación, sino también para congregar en uno a los hijos de Dios que estaban dispersos.

3. ENTRA PUBLICAMENTE A JERUSALEM
Profecía del Antiguo Testamento (487 A.C.)
Zacarías 9:9. ¡Alégrate mucho, hija de Sion!; ¡Da voces de júbilo, hija de Jerusalén!; he aquí tu rey vendrá a ti, justo y salvador, humilde, y cabalgando sobre un asno, sobre un pollino hijo de asna.
Cumplimiento en el Nuevo Testamento (30 D.C)
Mateo 21:5. Decid a la hija de Sion:
He aquí, tu Rey viene a ti,
Manso, y sentado sobre una asna,
Sobre un pollino, hijo de animal de carga.

4. OBRA MILAGROS
Profecía del Antiguo Testamento (713 A.C.)
Isaías 35:5-6. Entonces los ojos de los ciegos serán abiertos, y los oídos de los sordos se abrirán. Entonces el cojo saltará como un ciervo, y cantará la lengua del mudo; porque aguas serán cavadas en el desierto, y torrentes en la soledad.
Cumplimiento en el Nuevo Testamento (28 D.C)
Mateo 11:4-6. Respondiendo Jesús, les dijo: Id, y haced saber a Juan las cosas que oís y veis.
Los ciegos ven, los cojos andan, los leprosos son limpiados, los sordos oyen, los muertos son resucitados, y a los pobres es anunciado el evangelio; y bienaventurado es el que no halle tropiezo en mí.

5. RECHAZADO POR LOS SUYOS
Profecía del Antiguo Testamento (1000 A.C.)

Salmo 69:8. Extraño he sido para mis hermanos,
Y desconocido para los hijos de mi madre.
Cumplimiento en el Nuevo Testamento (26 D.C)
Juan 1:11. A lo suyo vino, y los suyos no le recibieron.

6. CLAVADO A UNA CRUZ
Profecía del Antiguo Testamento (1000 A.C.)
Salmo 22:16. Ellos perforaron mis manos y mis pies.
Cumplimiento en el Nuevo Testamento (30 D.C)
Juan 19:18. Ellos le crucificaron.
Juan 20:25 …en Sus manos las marcas de los clavos…

7. CONTADO CON LOS TRANSGRESORES
Profecía del Antiguo Testamento (712 A.C.)
Isaías 53:12. Y fue contado con los transgresores.
Cumplimiento en el Nuevo Testamento (30 D.C)
Marcos 15:27. Y ellos crucificaron a dos ladrones juntamente con Él… y fue contado con los transgresores.

8. NINGUNO DE SUS HUESOS FUE QUEBRADO
Profecía del Antiguo Testamento (1000 A.C.)
Salmo 34: 20. El guarda todos sus huesos;
Ni uno de ellos será quebrantado.
Cumplimiento en el Nuevo Testamento (30 D.C)
Juan 1.33, 36. Mas cuando llegaron a Jesús (Yeshua), como le vieron ya muerto, no le quebraron las piernas.
Porque estas cosas sucedieron para que se cumpliese la Escritura: No será quebrado hueso suyo.

9. SU RESURRECCIÓN
Profecía del Antiguo Testamento (487 A.C.)

Salmo 16:10. Porque no dejarás mi alma en el Seol,
Ni permitirás que tu santo vea corrupción.

Cumplimiento en el Nuevo Testamento (30 D.C)

Lucas 24:6, 31, 34. No está aquí, sino que ha
resucitado. Acordaos de lo que os habló, cuando aún
estaba en Galilea… Entonces les fueron abiertos los
ojos, y le reconocieron; mas él se desapareció de su
vista… Ha resucitado el Señor verdaderamente…

10. LOS GENTILES RECIBEN SALVACIÓN
Profecía del Antiguo Testamento (713 A.C.)

Isaías 11:10. Acontecerá en aquel tiempo que la raíz
de Isaí, la cual estará puesta por pendón a los
pueblos (Gentiles), será buscada por las gentes
(Gentiles); y su habitación será gloriosa.

Cumplimiento en el Nuevo Testamento (34 D.C)

Hechos 10:45. Y los fieles de la circuncisión que
habían venido con Pedro se quedaron atónitos de
que también sobre los gentiles se derramase el don
del Espíritu Santo.

Paso Tres: Lidiando con las Objeciones Judías

Esta sección presenta respuestas condensadas a algunas de las
objeciones comunes que podrías encontrar. Recuerda, no estas
tratando de ganar una discusión. Más bien estás simplemente
presentando una defensa de la esperanza y luz que hay en ti.
Espera hasta que estas objeciones se levanten. Lo las traigas a
colación voluntariamente.

**Objeción 1: ¿Por qué Dios permite el sufrimiento en el mundo?
¿Por qué permitió que seis millones de judíos murieran en el
holocausto?**

El sufrimiento y los horrendos actos de violencia en el hombre contra la humanidad es el resultado del pecado, que el hombre ha causado, no Dios. Él no va a interferir en los derechos de los hombres para tomar sus propias decisiones (libre albedrío), que frecuentemente resultan en sufrimiento y consecuencias terribles.

Objeción 2: Todas las religiones son esencialmente lo mismo. Todas tienen buenos puntos que ayudan a la gente a llevar buenas vidas.

Las religiones son hechas por el hombre. Ellas son el intento del hombre para ganar la aprobación de Dios. La fe en Jesús (Yeshua) no es una religión, es una relación. Es el *camino* de Dios para que el hombre sea reconciliado con Él.

Objeción 3: Un Judío que cree en Jesús (Yeshua) deja de ser Judío.

De acuerdo a la Biblia, un Judío es un descendiente de Abraham, Isaac y Jacob. Uno es Gentil o Judío por nacimiento, y nada puede cambiar eso. Los Gentiles que aceptan a Jesús son espiritualmente injertados en el Olivo Judío de fe (Romanos 11). Ellos son entonces habilitados para heredar los beneficios espirituales de las Buenas Nuevas juntamente con los Judíos. Ellos se convierten en hijos de Abraham por la fe (Gálatas 3:7, 29). Jesús (Yeshua) y sus seguidores fueron Judíos. Ellos nunca renunciaron a su herencia Judía. Ellos continuaron manteniendo su identidad Judía y llamado (Romanos 11:29).

Objeción 4: Si Jesús (Yeshua) es el Mesías Judío, ¿Por qué no todos los Judíos creen en Él?

La Biblia dice que "la puerta es pequeña y angosto es el camino que lleva a la vida, y son pocos los que la encuentran" (Mateo 7:14).

Como se describe en la Lección Cuatro, especialmente a través de la horrorosa persecución por los llamados Cristianos, la mayoría de los Judíos han sido acondicionados a rechazar a Jesús (Yeshua). El pueblo Judío, como una nación, no se ha dado cuenta que una perfecta expiación sólo puede ser efectuada por un ser perfecto – El Hijo de Dios, el Ungido. (Similarmente, muchos Gentiles hoy en día no se dan cuenta de esto tampoco.) Jesús (Yeshua) vino a la tierra primeramente a morir como una expiación por el pecado para que todo hombre, Judío y Gentil por igual, pueda ser reconciliado con Dios (Isaías 53). Sobre todo Isaías y otros profetas explicaron esto, históricamente, la mayoría de los Judíos malentendieron la primera venida de Jesús (Yeshua). Ellos buscaban un Rey conquistador que los rescatara de la persecución romana.

Afortunadamente, muchas personas Judías hoy en día han aceptado a Jesús (Yeshua) y un día "toda Israel será salva" (Romanos 11:26).

Objeción 5: El Pueblo Judío no cree en el "pecado original" porque la Biblia no enseña este concepto.

El concepto del pecado original viene directamente de las Escrituras del Antiguo Pacto (el Tanak). De acuerdo al Tanak, todo hombrees pecador, tanto por naturaleza (Génesis 5:3; 6:15) como por voluntad (Isaías 53:6).

Objeción 6: Existen muchas doctrinas que son inaceptables para los rabinos y no son enseñadas en las Escrituras del Antiguo Pacto (el Tanak),

- **La Trinidad:** Los creyentes en el Mesías no creen en tres dioses (Gálatas 3:20; 1 Timoteo 2:5). Génesis 1:26, 3:22, 11:7, e Isaías 6:8 son sólo algunos pasajes de conversaciones donde Dios utiliza las palabras "nosotros", "nuestro", o "algún plural de primera persona." Sin embargo, Dios no se está refiriendo a nadie más (gente o ángeles) en esos versos, Él se está refiriendo a Su pluralidad en esos pasajes.
- **La Divinidad:** Debido a que la mayoría de los Judíos no entienden la verdadera naturaleza de Dios como es revelada en el Tanak (Escrituras del Antiguo Pacto), ellos fallan a no darse cuenta que Dios tiene un Hijo. Proverbios 30:4 hace la pregunta, "¿Cuál es el nombre de Su hijo?" Salmos 2:7, 12 describe la necesidad del hombre de someterse a Dios.

- **El nacimiento Virginal:** De acuerdo al profeta Isaías, el nacimiento del Mesías sería milagroso y habría una señal que sería enviada por Dios. Isaías 7:14 declaró que una virgen concebirá.
- **La Sangre de Expiación:** Sabemos en Levítico 17:11 y Éxodo 12:13 que sólo una sangre expiatoria proveería la adecuada cobertura de pecado y reconciliaría al hombre con Dios. El Mesías fue prometido para cumplir esto (Isaías 11:1-5).

Acerca de los Autores

En 1981 **Jack Jacobs**, quien es Judíos, entregó su corazón a Jesús (Yeshua), integrándose a la congregación Mesiánica local y comenzó un negocio exitoso de computadoras en el mismo año. Varios años después la mamá de Jack, su padre y hermano recibieron a Jesús (Yeshua). Veinticinco años después, el dejó el negocio de computadoras para servir como el "hombre crecido" de tiempo completo líder congregacional de Beth Am Messíah (Casa del Pueblo del Mesías), en New York , New York. Obtuvo su grado de MS en Desarrollo Humano en la Universidad de Maine. Jack puede ser contactado a través de becoming1.org o en info.becoming1@gmail.com.

Ed Rodgers es un autor que vive en Hilton Head Island, South Carolina. Él ha publicado artículos en Magazines nacionales Cristianos, es un orador público, y ha sido guest lecturer en nivel universitario. Sus otros libros incluyen *Dragon Slayers,,* una novela cristiana, y *The Israeli Connection: The Church's Hope, América's Future.* Ed es activo en *the men's, music, and teaching ministries* en Community Bible Church en Beaufort, SC. y es orador para Stonecroft Ministries. Visita su sitio web en www.edrodgers.net par aver sus otros libros, contactarlo o agenda una invitación de conferencia. Ed puede también puede ser contactado a través de becoming1.orgo en edauthor@roadrunner.com.

Recursos

Los siguientes materiales de "Becoming One" (Llegando a Ser Uno) están disponibles a través de becoming1.org

1. *Becoming One*: Bible Study (para obtener copias adicionales) también en Español.
2. *Becoming One*: Leader's Guide (para este estudio)
3. *Becoming One*: El Libro (El libro auxiliar para este estudio) este incluye los "básicos" de *Becoming One* Bible Study con introspecciones adicionales, detalles, e información de respaldo en áreas claves. Está escrito desde una perspectiva Gentil por Ed Rodgers, el co-autor Gentil de este estudio.

CPSIA information can be obtained at www.ICGtesting.com
Printed in the USA
LVOW132327041012

301596LV00001B/5/P